# MARCO ⊕ POLO

# KAP VERDI SCHE INSELN

Azoren (Port.)

Madeira (Port.)

Kanarische Inseln
(Span.)

MAROKKO

*ATLANTISCHER*
*OZEAN*

West-
sahara

**Kapverden**

MAURETANIEN

SENEGAL

MARCO POLO AUTORIN
**Annette Rieck**
Wer mit ihr unterwegs ist, kann erleben, dass „Anet" auf
den Inseln Kap Verdes fast überall bekannt ist. Sie lebt seit
2009 auf Santo Antão und bereist als Journalistin und Rei-
seführerin für Wanderreisen die Inseln mehrmals jährlich.
„Ich liebe Kap Verde, seit ich das erste Mal hier war", sagt
sie, „die Berge, die Pflanzen, das Meer. Aber das Tollste
sind die offenen, warmherzigen Menschen!"

# REIN INS ERLEBEN

Mit dem digitalen Service von MARCO POLO sind Sie noch unbeschwerter unterwegs: Auf den Erlebnistouren zielsicher von A nach B navigieren oder aktuelle Infos abrufen – das und mehr ist nur noch einen Fingertipp entfernt.

## Hier geht's lang zu den digitalen Extras:

http://go.marcopolo.de/kav

 **Touren-App**

Ganz einfach orientieren und jederzeit wissen, wo genau Sie gerade sind: Die praktische App zu den Erlebnistouren sorgt dank Offline-Karte und Navigation dafür, dass Sie immer auf dem richtigen Weg sind. Außerdem zeigen Nummern alle empfohlenen Aktivitäten, Genuss-, Kultur- und Shoppingtipps entlang der Tour an.

HTTP://GO.MARCOPOLO.DE/KAV

 **Update-Service**

Immer auf dem neuesten Stand in Ihrer Destination sein: Der Online-Update-Service bietet Ihnen nicht nur aktuelle Tipps und Termine, sondern auch Änderungen von Öffnungszeiten, Preisen oder anderen Angaben zu den Reiseführerinhalten. Einfach als PDF ausdrucken oder für Smartphone, Tablet oder E-Reader herunterladen.

**SYMBOLE**

| INSIDER TIPP | Insider-Tipp |
| ⭐ | Highlight |
| 🟢🔵🟠🔴 | Best of … |
| ☀ | Schöne Aussicht |
| 🌿 | Grün & fair: für ökologische oder faire Aspekte |

**PREISKATEGORIEN
HOTELS**

€€€   über 90 Euro

€€   50–90 Euro

€   bis 50 Euro

Die Preise gelten pro Nacht
für ein Doppelzimmer mit
Frühstück

**PREISKATEGORIEN
RESTAURANTS**

€€€   über 12 Euro

€€   8–12 Euro

€   bis 8 Euro

Die Preise gelten für ein
Hauptgericht ohne Getränke

**GUT ZU WISSEN**

**KARTEN IM BAND**

(134 A1) Seitenzahlen und Koordinaten verweisen auf den Reiseatlas

(0) Ort/Adresse liegt außerhalb des Kartenausschnitts

Es sind auch die Objekte mit Koordinaten versehen, die nicht im Reiseatlas stehen

(📖 A–B 2–3) verweist auf die herausnehmbare Faltkarte

**UMSCHLAG VORN:**
Die wichtigsten Highlights

**UMSCHLAG HINTEN:**
Karten von Praia und Mindelo

**INSIDER TIPP Magischer Ort über den Wellen**

Ein von Meeresrauschen untermaltes Dinner im Restaurant *O Farolim* in Santa Maria ist ein unvergessliches Erlebnis → **S. 37**

**INSIDER TIPP Kaffeetrinken mit Stil**

Im Café *Kanta Morna* auf Boavista serviert man Ihnen feinsten italienischen Kaffee und leckeren selbst gebackenen Kuchen (Foto o.) → **S. 45**

**INSIDER TIPP Unter Lebens- und anderen Künstlern**

Im Café *Ka Tcheka*, das der berühmte Musiker gleichen Namens in Praia eröffnete, dreht sich alles um Musik. Jam-Sessions mit Gastmusikern sind an der Tagesordnung → **S. 62**

**INSIDER TIPP Kunst von den Inseln**

Moderne und traditionelle Kunst made in Cabo Verde – bei *CapVert Design + Artesanato* können Sie diese nicht nur entdecken, sondern auch erstehen → **S. 82**

**INSIDER TIPP Ruhige Wohlfühloase**

*Kira's Boutiquehotel* bietet im quirligen Mindelo einen ruhigen Rückzugsort mit toller Atmosphäre → **S. 85**

**INSIDER TIPP Abgeseilt**

Beim *Canyoning* auf Santo Antão steigt selbst bei Abenteuerlustigen der Adrenalinspiegel, wenngleich das Abseilen in eine Schlucht unter fachkundiger Anleitung geschieht → **S. 112**

**INSIDER TIPP Traumhafte Gaumenfreuden**

Exzellente Speisen, freundliche und aufmerksame Bedienung, entspannte Atmosphäre – lassen Sie sich im Restaurant *Santo André* in São Pedro kulinarisch verwöhnen → **S. 82**

**INSIDER TIPP Freches Früchtchen**

Der selbst gemachte *pontche de maracuja* in der *Atelier Bar* in Cidade das Pombas ist superlecker, aber hochprozentig → **S. 92**

**INSIDER TIPP** **Papageien im Tropenpatio**

Das Guesthouse *Orquidea* auf Boavista ist ein grünes Paradies, in dem Gäste, Hunde und Papageien Familienanschluss genießen. Der tropische Innenhof, in dem das Frühstück serviert wird, ist eine Wucht → S. 47

**INSIDER TIPP** **Ruhiges Meer, beschauliche Stille**

Das bezaubernde Gästehaus *Mar Tranquilidade* mit seinen einfachen, strohgedeckten Natursteinhäuschen auf Santo Antão ist eine abgeschiedene Oase der Ruhe. Auch die dort servierten Speisen sind vorzüglich → S. 93

**INSIDER TIPP** **Gaumenfreuden und Ohrenschmaus**

Kapverdische Kultur und senegalesische Kochkunst – in *Pipi's Bar* auf Fogo lernen Sie beides kennen: Jeden Freitagabend gibt es Livemusik zu Spezialitäten aus der westafrikanischen Küche → S. 68

**INSIDER TIPP** **Auf Maultierpfaden unterwegs**

Beim *Eselwandern* streifen auf Santo Antão große und kleine Wanderer mit tierischer Begleitung durch die grandiose Bergwelt → S. 117

**INSIDER TIPP** **Alles klar!**

Der reinste *grogue* der Kapverden wird im grünen Tropental Paúl nach Tiroler Edelbrandnormen destilliert und in der Bar *O Curral* ausgeschenkt → S. 111

**INSIDER TIPP** **Schildkröten hautnah erleben**

Mit seltenen Tieren auf Tuchfühlung! Schauen, staunen und Schildkröten retten – mit den Rangern von *SOS Tartarugas* (Foto u.) → S. 116

**INSIDER TIPP** **Eisvögel vor dem Schlafzimmerfenster**

Vor dem Fenster Ihres Zimmers in der *Pousada Quinta da Montanha* schwirren Eisvögel und tanzen Schmetterlinge → S. 64

# BEST OF ...

## TOLLE ORTE ZUM NULLTARIF
### Neues entdecken und den Geldbeutel schonen

**SPAREN**

● *Vollmondfestival*
Kaum zu glauben: Der Eintritt zum *Musikfestival in Baía das Gatas* ist frei! Jedes Jahr am ersten Augustwochenende nach Vollmond spielen Bands aus Kap Verde, Afrika und Lateinamerika drei Tage und Nächte lang am bekanntesten Strand der Insel São Vicente → S. 119

● *Ab ins Wasser!*
Wer sich sonntags zum Lunch ins Vier-Sterne-Hotel *Foya Branca* auf São Vicente aufmacht, speist fürstlich und darf sich umsonst in und an den Pools aalen ... → S. 117

● *Gedächtnisstütze*
Die Schweizerin Monique Widmer sammelt seit mehr als 25 Jahren historische Gegenstände und Dokumente des täglichen Lebens auf den Kapverden, speziell auf Fogo. In ihrem kostenlos zugänglichen *Casa da Memória* erzählen Möbel, Hausrat, alte Fotos und anderes die bewegte Inselgeschichte → S. 67

● *Geburtstagsständchen*
Livemusik satt – am 19. Mai jährt sich der Gründungstag von Kap Verdes Hauptstadt Praia. Zu diesem Anlass treffen sich auch Dutzende von Musikbands und Tausende von Besuchern zu kostenlosen Konzerten am *Praia de Gamboa,* um nach bester Tradition drei Tage lang ausgelassen zu feiern → S. 118

● *Kleine Nachtmusik*
Livemusik als Gratiszugabe zum Abendessen – die *noite caboverdeana* ist in Mindelo heimisch. Sie speisen, plaudern und genießen die gefühlvolle Hintergrundmusik als Beilage → S. 84

● *Sonntagsklänge*
Auf der *Praça Nova* (Foto) in Mindelo gibt sich jeden Sonntagnachmittag eine Blaskapelle die Ehre. Traditionell trifft man sich dann hier im Sonntagsstaat, um gepflegt ein wenig zu flanieren, sehen und gesehen zu werden → S. 80

● ● ● ● Diese Punkte zeichnen in den folgenden Kapiteln die Best-of-Hinweise aus

# TYPISCH KAPVERDEN
### Das erleben Sie nur hier

● *Mal mittendrin mitfahren*
Das häufigste Verkehrsmittel auf den Kapverden ist das *aluguer.* Machen Sie einmal eine Fahrt in diesen Pick-ups mitten unter Einheimischen mit, und fahren Sie z. B. von Porto Novo nach Ponta do Sol → S. 89

● *Rasanter Hüftschwung*
Wenn die Tänzerinnen beim *batuco* im *5al da Música* in Praia rasend schnell mit den Hüften wackeln, vergeht den Zuschauern Hören und Sehen → S. 62

● *Herzhaftes Vergnügen*
Das kapverdische Nationalgericht *cachupa* ist eine herzhafte Angelegenheit. Der Eintopf aus Mais und Bohnen wird von jeder Köchin anders zubereitet, im *Fronteira* auf Fogo beispielsweise mit Kürbis → S. 68

● *Neue Zöpfe*
Männer, Frauen und Kinder tragen ihre Haare zu kleinen Zöpfen geflochten. Wer es ihnen gleichtun möchte, lässt sich seine Urlaubsfrisur im *Salão Sempre Bela* in Santa Maria flechten → S. 38

● *Reines Feuerwasser*
Ob frisch gebrannt oder abgelagert, der kapverdische Zuckerrohrschnaps hat es in sich! Das frisch gebrannte Feuerwasser *(grogue novo)* ist ein echter Rachenputzer, das u. a. im *Pavilhão* auf der Praça Nova in Mindelo ausgeschenkt wird → S. 84

● *Strategischer Spielzug*
Ein typischer Anblick: Zwei Männer sitzen im Schatten, zwischen sich ein Spielbrett aus Holz und überlegen, wie sie dem Gegner möglichst viele Spielsteine abluchsen können. *Oril* heißt das Spiel (Foto), zu dem sich Spieler und Zuschauer beispielsweise am *Hafen von Ponta do Sol* einfinden → S. 88

● *Fette Beute*
Zum kühlen Bier schmeckt ein etwas fettiger, aber dennoch köstlicher Snack: frittierte Muräne *(moreia frita).* Der aalartige Fisch ist eine nicht immer verfügbare Spezialität – fragen Sie im Restaurant, z. B. im *Penedinho* in Cidade Velha, ob er zum Tagesfang gehört → S. 61

**TYPISCH**

# BEST OF ...

● *Alltägliche Zeitzeugen*
In den kühlen Räumen des *Museu Municipal de São Filipe* gewinnen Sie Einblicke in das Alltagsleben auf Fogo von anno dazumal. Interessante und kuriose Informationen sowie ein kleiner, schattiger Garten mit endemischen Pflanzen lassen die Hitze vergessen ... → S. 67

● *Von Angelschnur bis Zahnersatz*
*Sucupira* nennt sich ein Markt für Kleider, Schuhe, Elektronikzubehör, CDs, Haushaltswaren, Autobedarf und und und ... Da gibt es reichlich zu schauen und oft auch etwas Hübsches zu finden. Der größte überdachte *sucupira* befindet sich in Praia → S. 58

● *Muße, Ruhe und Kultur*
Im *Centro Cultural* in Mindelo lädt der luftige Innenhof zum Sitzen ein und wechselnde Ausstellungen zur launigen Betrachtung. Ein kleiner Shop bietet vielerlei kapverdisches Kunsthandwerk → S. 82

● *Musik liegt in der Luft*
Im klimatisierten Laden in die Melodien verschiedener kapverdischer Musiker hineinhören, Musikstile und Künstler miteinander vergleichen, für sich das Passende heraussuchen. Eine gute Auswahl gibt es im Musikfachgeschäft *Harmonia,* u. a. auf Santiago → S. 61

● *Andacht und Inbrunst*
Wann waren Sie zuletzt in der Kirche? Besuchen Sie den Gottesdienst in der *Nossa Senhora da Graça* (Foto) in Praia, und staunen Sie über die lebhafte Anteilnahme der Menschen an der Predigt → S. 58

● *Baum und Blume*
Ein Rundgang durch den *Botanischen Garten* in São Jorge dos Orgãos bietet die Gelegenheit, endemische Pflanzen, Heilkräuter und verschiedene, schattenspendende Baumarten kennenzulernen → S. 59

**WETTER**

# ENTSPANNT ZURÜCKLEHNEN
## Durchatmen, genießen und verwöhnen lassen

### ● *Gesicht wahren*
Die Argentinierin *Roxana Lima* bietet in Mindelo entspannende Gesichtsbehandlungen mit Naturkosmetik aus eigener Produktion an, bei denen Sie wunderbar relaxen können → S. 115

### ● *Lassen Sie sich treiben!*
In den Salzpfannen der *Salinenanlage* (Foto) von Pedra de Lume auf Sal schwimmen Sie immer obenauf – lassen Sie sich einfach mal treiben! Auch die Haut freut sich über das salzhaltige Bad → S. 35

### ● *Koloniale Lebensart*
Versinken Sie in riesigen Korbsesseln, nippen Sie am fruchtigen Cocktail, und lauschen Sie dem Plätschern des Springbrunnens. Im Hintergrund die leisen Klänge kapverdischer Musik ... Die *Fogo Lounge* in São Filipe lädt zum gepflegten Chill-out ein → S. 69

### ● *Wie neugeboren*
Wie ein Jungbrunnen: Eine traditionelle balinesische Massage mit feinsten aromatischen Körperölen sorgt dafür, dass Sie sich wie ein neuer Mensch fühlen. In Mindelo behandelt Körpertherapeutin Prem Piepiet im *Oásis Atlântico Porto Grande Hotel* damit auch gleichzeitig Geist und Seele → S. 86

### ● *Liegestuhl am Yachthafen*
Mitten im quirligen Zentrum von Mindelo lädt die *Bar Pont' Água* zur Erholungspause ein. Diese kann kurz sein, z. B. für ein kühles Getränk an der Bar, oder länger, wenn Sie es sich im Liegestuhl am Pool bequem machen. Den schönen Blick auf den Yachthafen genießen Sie immer → S. 84

### ● *Sundowner mit Meeresrauschen*
Während die Sonne als roter Ball im Meer versinkt, das wundervolle Licht und die Wärme genießen, ein wenig plaudern oder einfach seinen Gedanken nachhängen ... Besonders stimmungsvoll klingt der Urlaubstag in der Hotelbar *Kebra Cabana* auf Santiago aus → S. 62

**AUFTAKT**

# ENTDECKEN SIE DIE KAPVERDEN!

Kap Verde ist bunt: türkisblauer Ozean, sattgrüne Tropentäler, weiße und schwarze Sandstrände, und immer wieder leuchtend gelbe Bananen, orangefarbene Papayas, grüne Kohlköpfe oder rote Pfefferschoten. Und erst die Menschen! Hautfarben gibt es in allen Schattierungen, von ganz hellem über Kaffee- bis zu Dunkelbraun, und dazu leuchten Augen in Grün, Blau oder Braun – eine *aufregende Mischung*! Die Kapverdier lieben leuchtend bunte Kleidung, am besten mit viel Glitter, und auch über junge Männer mit Glitzerschmuck an Hals und Ohren sollten Sie sich nicht wundern. Doch nicht nur der beliebte Modeschmuck, sondern auch das Leben auf den Kapverden hat außerordentlich viele verschiedene Facetten.

Am weißen Sandstrand liegen bunte Fischerboote, der tiefblaue Ozean schimmert so weit das Auge reicht, eine frische Brise mildert die stechende Sonne. Der Dorfplatz und die engen Kopfsteinpflastergassen wirken verlassen, nur ein paar Kinder vergnügen sich mit selbst gemachtem Spielzeug. Auf dem Gemüsemarkt, dem Zentrum jeden Orts, herrscht allerdings lebhaftes Durcheinander. Lautes Rufen und Lachen, freundliche Gesichter, Berge leuchtender Früchte. Am Straßenrand hocken Frauen vor Schüsseln voll silbrig glänzender Fische, eine Gruppe von Männern sitzt im Schatten

Bild: Bucht von São Pedro auf São Vicente

Sanddünen auf Boavista, der „Sahara der Kapverden"

eines Baums und spielt Karten. *Gemächlich geht es zu* – und ganz entspannt; man hat Zeit, man hat Ruhe, und Geduld hat man auch. Die ruhige Gelassenheit der Menschen auf Kap Verde ist bemerkenswert. Und das, obwohl das Leben hier so hart ist, dass zwei Drittel der Bevölkerung im Ausland leben.

## Die ruhige Gelassenheit der Menschen ist bemerkenswert

Cabo Verde – das grüne Kap – trägt einen irreführenden Namen. Denn die Inselgruppe im Atlantischen Ozean, 460 km vor der Westküste Afrikas, ist alles andere als grün. Der 4033 km² große Archipel aus 15 Inseln liegt in den Ausläufern der Sahelzone und leidet unter extremer Hitze und Trockenheit.

**Ab 1456**
Entdeckung und Kolonialisierung der Kapverden durch Portugal

**1461**
Auf Santiago entsteht die erste Siedlung: Ribeira Grande

**1466**
Ribeira Grande erhält das Monopol für den Sklavenhandel mit Westafrika

**1580–1640**
Spanische Herrschaft über Portugal und die Kapverden

**1645**
Aufhebung des Sklavenhandelsmonopols

**1731**
Praia wird Hauptstadt

Nur auf fünf der neun bewohnten Inseln gibt es, falls der jährliche Regen nicht ausbleibt, genügend Wasser für die Landwirtschaft. *90 Prozent der Nahrungsmittel* müssen importiert werden, Tendenz steigend. Die vier anderen Inseln sind knochentrocken; braune Wüsten, deren vereinzelte Berge die Wolken, die der stete Nordostwind heranträgt, nicht aufhalten können. Man unterscheidet zwischen den Inseln über dem Wind (Barlavento) und denen unter dem Wind (Sotavento) oder nach der geografischen Lage: drei flache, wüstenhafte Ostinseln sowie je drei von verschieden hohen Gebirgen geprägte Nord- und Südinseln. Jede Inselgruppe und jede Insel ist

## Jede Inselgruppe und jede Insel ist anders

anders. Die Ostinseln Sal, Boavista und Maio haben herrliche weiße Sandstrände und sind ein Paradies für Wassersportler. Im Norden liegen Santo Antão und São Nicolau mit grandiosen Gebirgspanoramen und Tropentälern sowie São Vicente mit der Hafenmetropole Mindelo. Im Süden finden Sie die Hauptstadtinsel Santiago, die fast 3000 m hohe Vulkaninsel Fogo und das abgeschiedene, beschauliche Brava.

Von Oktober bis Juli fegt der Nordostpassat kräftig und beständig über die Inseln – eine *angenehm kühlende Brise* in der allgegenwärtigen Hitze. Die Windsurfer auf den flachen Ostinseln wähnen sich im Paradies. Stärker noch profitieren die Gebirgsinseln im Norden: Ihre Berge halten die Wolken auf, die der Wind über den Atlantik heranträgt. Durch die Feuchtigkeit ist die Nordostseite dieser Inseln grün und fruchtbar.

**1810** Erste Saline auf Boavista

**1838** Beginn des Salzhandels auf Sal

**1885** Mindelo ist Schaltstation des ersten transatlantischen Telegrafenkabels

**1956** Gründung der PAIGC (Afrikanische Partei für die Unabhängigkeit von Guinea-Bissau und Kap Verde)

**1975** Entlassung der portugiesischen Kolonie in die politische Unabhängigkeit. Die PAIGC ist die einzige Partei und regiert den jungen Inselstaat

Die bis 1461 unbewohnten Inseln wurden von Seefahrern, die im Auftrag des portugiesischen Königs unterwegs waren, entdeckt. Als Überseekolonie Portugals wurden die Kapverden innerhalb weniger Jahrzehnte zum Drehkreuz des Sklavenhandels zwischen Afrika, Europa und Amerika. Auf Santiago trafen weiße Auswanderer aus Europa auf einen wachsenden Strom schwarzer Sklaven aus Afrika. Die gemeinsamen Kinder waren die erste Generation eines neuen Volks: der Kreolen. Gene, Traditionen, Bräuche und Sitten zweier Kontinente brachten eine Bevölkerung hervor, die ebenso viele verschiedene Hauttöne aufweist wie Eigenarten in Kultur und Lebensart. Die kreolische Kultur ist **bunt und lebensfroh**, in ihrer gefühlvollen Musik, ihren Tänzen, ihren täglichen Gepflogenheiten. Von Kap Verde aus nahm das kreolische Volk seinen Weg nach Südamerika und in die Karibik. Übersprudelnde Lebenslust bei Karnevalsumzügen mit schönen Tänzerinnen in prunkvollen Federkostümen gibt es nicht nur dort – fahren Sie nach Mindelo oder São Nicolau! Keineswegs als Gegensatz dazu haben besonders viele christliche Traditionen ihren Platz. Prächtige Messen und Prozessionen sind ganz nach dem Geschmack der Kapverdier, und man feiert die Vielzahl von religiösen Festen mit fröhlicher Inbrunst und Lebensfreude.

Fast die Hälfte der rund 470 000 Inselbewohner lebt auf Santiago, davon etwa 130 000 in der Hauptstadt Praia. Etwa 800 000 Kapverdier haben ihren Wohnsitz im Ausland, vor allem in den USA, Portugal, Frankreich und Westafrika. Immer wieder auftretende Dürre- und Hungerkatastrophen kosteten bis in die 1940er-Jahre viele Menschen das Leben, noch mehr mussten auswandern oder sich als Sklaven verkaufen, um nicht zu

> **Im Ausland leben mehr Kapverdier als auf den Kapverdischen Inseln**

verhungern. Die Generation der heute 60- bis 75-Jährigen fehlt deshalb fast völlig. Derzeit liegt das *Durchschnittsalter bei 20 Jahren.*

Noch bis vor wenigen Jahren gehörten die Kapverden zu den ärmsten Ländern der Erde. Nach 500 Jahren kolonialer Ausbeutung durch Portugal erlangte das Land 1975 die politische Unabhängigkeit. Deren Wegbereiter war der kapverdische Freiheitskämpfer Amílcar Cabral, der 1956 an der Gründung der Unabhängigkeitspartei PAIGC beteiligt war. Er wurde 1973 ermordet und ist noch heute eine wichtige Symbolfigur im politischen und gesellschaftspolitischen Alltag auf Kap Verde. Erst nach dem Ende

**1981** Politische Trennung von Guinea-Bissau, Umbennenung der PAIGC in PAICV

**1990** Das Mehrparteiensystem wird eingeführt

**1991** Erste parlamentarisch-demokratische Wahlen, Sieg der MPD (Bewegung für Demokratie)

**2011** Die Parlamentswahl gewinnt die PAICV, doch Jorge Carlos Fonseca (MPD) wird neuer Staatspräsident

**2014** Beim Ausbruch des Pico Pequeno auf Fogo zerstören die Lavamassen zwei Dörfer

Schmucke Überbleibsel aus der Kolonialzeit: Kirche und Wohnhäuser in Mindelo

der Kolonialzeit konnte sich das Land, das unter der faschistischen Diktatur Salazars (1928–74) extrem vernachlässigt worden war, langsam von der systematischen Ausbeutung erholen. Seit 1991 gibt es ein demokratisches Mehrparteiensystem, und Kap Verde ist eine pluralistisch-parlamentarische Republik.

In den letzten 35 Jahren gelang eine politische und wirtschaftliche Wende, die es dem Land erlaubte, *Hunger und Armut zu trotzen*. Von großer Bedeutung ist dabei der Tourismus. Die Inseln Sal und Boavista locken bereits sonnenhungrige Europäer zu Tausenden, und die für Individualtouristen attraktiven Gebirgsinseln besitzen bereits eine touristische Infrastruktur.

Neben den charakteristischen Merkmalen der einzelnen Inselgruppen ist die vielerorts noch vorhandene Kolonialarchitektur aus dem 17.–19. Jh. für Besucher interessant. Die Gebäude leuchten in vielerlei hellen Pastelltönen und kolorieren die Geschichte der Inseln ebenso farbenfroh wie die kapverdische Kultur. Die *Pflege ihrer Traditionen* und vor allem ihre Musik sind für die Kapverdier lebenswichtig. Damit ist es ihnen möglich, in der unwirtlichen Umgebung nicht nur zu überleben, sondern ein Leben in bewundernswerter Würde und Freude zu führen. Bringen Sie Zeit und Neugier mit, um sich auf diese Menschen und ihre bunte Welt einzulassen.

# IM TREND

## ① Zweites Leben

**Upcycling** ♻ Leere Saftbehälter werden zu Taschen, Kronkorken zu Ohrringen, alte Zahnbürsten zu lustigen Figuren. Buntem Spielzeug aus ausgedienten Metallbüchsen begegnen Sie z. B. an Verkaufsständen vor dem Pelourinho in Cidade Velha auf Santiago. *Marie France Labat* aus Ponta do Sol kreiert **INSIDER TIPP** ▸ Handtaschen, Armbänder u. v. m. aus alten Reifenschläuchen, die Sie bei *Eki Eko* (s. S. 90) kaufen können. Die *Praça Santa Isabel* in Sal Rei (Boavista) ziert sogar ein *Kunstwerk* aus angeschwemmten Müll.

## Neue Kuchenkultur ②

**Süße Verführer** Außer auf Sal gab es in den Bäckereien von Kap Verde lange kaum Kuchen und Kleingebäck. Mit der Eröffnung von *Pão Quente (Rua Andrade Corvo 16)* auf dem Plateau in Praia auf Santiago zeigte sich, dass auch Kapverdier für eine süße Kleinigkeit zwischendurch zu haben sind, und so gibt es inzwischen weitere *Pão-Quente*-Filialen in Palmarejo (Praia) und Assomada. Auch in Mindelo auf São Vicente sind die Cafés mit großer Kuchenauswahl angekommen, wie das *Morabeza* (s. S. 81) oder das *Café Del Mar (Av. 5 de Julho)*.

## ③ Lokale Leckereien

**Spezialitäten** Eine zunehmende Zahl kleine Herstellerkooperativen bietet lokale Produkte vom Feinsten: Marmeladen und Liköre, getrocknete Kräuter, Joghurt und Käse aus Ziegenmilch *(Foto)*, Kaffee, getrocknete Früchte … lecker! *Loja Ka Tem* (s. S. 45) auf Boavista führt eine Auswahl, während die *Oficina de Conservação de Alimentos (Lagedos bei Porto Novo)* auf Santo Antão und *Loja No. 3* (s. S. 97) auf São Nicolau nur eigene Erzeugnisse aus Früchten verkaufen.

# Kunterbunte Mode

*Musterstoffe* Traditionelle Batikstoffe aus Senegal *(Foto)* gibt es vom laufenden Meter, z. B. auf dem *sucupira* in Praia. Die herrlich bunten Muster lassen sich hervorragend kombinieren und zu Kleidern, Schuhen, Decken und vielen anderen schönen und nützlichen Dingen verarbeiten. Eine ganze Reihe von Stoffkünstlern designt aus den farbenfrohen Stoffen Taschen in verschiedenen Variationen, die u. a. in Kunsthandwerksläden auf São Vicente *(CapVertDesign + Artesanato,* s. S. 82), Fogo *(Zebra Travel | São Filipe)* und Sal *(Genuine Café,* s. S. 37*)* erhältlich sind. Die Schweizerin *Franziska Brodbeck (Genuine | Rua de Central | Tel. 5 91 23 23)* aus Ponta do Sol auf Santo Antão näht aus den Stoffen Accessoires wie Hüte, Kissenbezüge und Tischdecken sowie Kleider, Röcke und Hosen – auf Wunsch auch nach Maß.

# Ausdrucksstarke Werke

*Kunst* Die ausdrucksstarken, aber ungewöhnlichen Bilder *(Foto)* und Objekte der *rabelados* beschreiben manche als authentisch, unverdorben, intuitiv, andere einfach nur als schräg. Die Werke sind schon seit einigen Jahren sporadisch bei Ausstellungen – sogar im Ausland – vertreten und nun bei *CapVertDesign + Artesanato* (s. S. 82) in Mindelo ständig ausgestellt und käuflich erwerbbar. Nachschub erhält die Galerie, deren Mitinhaberin Françoise Ascher 2010 ein Buch über die jahrzehntelang isoliert lebende Volksgruppe veröffentlichte, direkt aus dem Dorf Espinho Branco auf Santiago, wo die Künstler leben und in ihrer eigenen Galerie *Rabelarte (tgl. 10–19 Uhr)* ihre Arbeiten verkaufen.

# FAKTEN, MENSCHEN & NEWS

## ALUGUER

Das *aluguer* (port.: mieten) ist das charakteristischste Verkehrsmittel auf den Kapverden: private Fahrzeuge mit mehreren Sitzplätzen, die zwischen mehreren Orten hin- und herfahren. Für Überlandstrecken werden geschlossene Kleinbusse verwendet, für kurze Distanzen offene Pick-ups mit Bänken auf der Ladefläche. Die Fahrer nehmen an bestimmten Haltepunkten und unterwegs Passagiere auf. Im Zweifel heißt es zusammenrücken, denn voll besetzt ist das Auto erst mit 15 Passagieren ...

## BETTELN

Viele Familien leben von der Hand in den Mund, und viele Kinder haben weder Schulhefte noch Stifte. Das verleitet dazu, bettelnden Kindern eine Kleinigkeit zuzustecken: einen billigen Kuli, ein paar Bonbons oder sogar eine Münze. Doch das schadet mehr, als es nützt – Sie fördern bestehende Abhängigkeiten und die Idee, dass Betteln einfach und erfolgreich ist. Wenn Sie helfen möchten, lassen Sie einer anerkannten Institution oder einem gemeinnützigen Projekt Geld- oder Sachspenden zukommen *(www.deltacultura.org, www.sodade.de, www.nos-ku-nhos.org)*.

## DISKOTHEKEN

Diskotheken im europäischen Sinn gibt es nur dort, wo viele Menschen wohnen oder viele Urlauber zu Gast sind – Praia, Mindelo, Santa Maria. In den Dörfern und kleinen Städten sind

## Unbändige Lebenslust und unstillbare Sehnsucht: vielfältige Kultur und leidenschaftliche Gefühle – von Morabeza bis Sodade

es meist Dachterrassen, auf denen am Wochenende Disko ist: Heiße Rhythmen und kalte Getränke machen aus jedem Flachdach eine Tanzfläche. Immer der Musik nach ...

## EMIGRATION

500 Jahre waren Hunger und Dürre die Begleiter der Menschen und trieben manchmal jeden fort, der nicht verhungern wollte. Im 19. Jh. heuerten die ersten jungen Männer auf amerikanischen Walfangschiffen an, die sich auf Kap Verde mit Proviant versorgten. Seitdem sind enge Beziehungen zur Ostküste der USA gewachsen – rund 500 000 Menschen kapverdischer Abstammung leben heute in den USA, im Ausland insgesamt mehr als 700 000. Ohne seine Auswanderer wäre Kap Verde nicht lebensfähig. 90 Prozent der Familien werden von emigrierten Angehörigen finanziell unterstützt. Auch heute träumen die meisten Jugendlichen von Amerika oder Europa, wo sie glauben, viel Geld verdienen zu können.

Viele Kapverdier, die lange im Ausland gelebt und gearbeitet haben, investieren nun ihr Geld in ihrer Heimat. So entstehen gerade im Bereich Tourismus kleine kapverdische Unternehmen, die zur positiven touristischen Entwicklung Kap Verdes viel beizutragen haben.

## F AMILIE

Frauen sind das Rückgrat der kapverdischen Gesellschaft. Nur 16 Prozent der Kapverdier sind verheiratet, die meisten leben entweder unverheiratet in einer festen Partnerschaft oder bezeichnen sich als ledig (54 Prozent). Familienbande sind kompliziert: Oft haben Frauen mehrere Kinder von verschiedenen Männern, und viele Männer haben Kinder mit mehreren Frauen. Sie nehmen bei der aktuellen Familie die Vaterstelle ein; mehrere Beziehungen gleichzeitig sind nicht die Regel. Die Mütter, von denen viele sehr jung das erste Kind bekommen, erziehen ihre Kinder oft allein, mit oder ohne finanzielle Unterstützung des Vaters.

## G ROGUE

Die portugiesischen Kolonialherren ließen neben Baumwolle vor allem Zuckerrohr anbauen, um damit zu handeln. Bis Anfang des 18. Jhs. wurde Zuckerrohr ausschließlich exportiert, dann begannen die Bauern auf Santo Antão, selbst daraus Rum (Kriolu: *grogue*) zu brennen. In mobilen Zuckerrohrpressen aus Holz quetschten sie den Saft aus den Stängeln und ließen ihn in offenen Fässern gären, um ihn anschließend in großen Kupferkesseln zu destillieren. Der frisch gebrannte, klare Schnaps heißt *grogue novo* (neuer *grogue*), aus ihm wird nach mindestens drei Jahren Lagerung in einem Holzfass der *grogue velha* (alter *grogue*) – hellbraun und sehr viel sanfter und milder als das ursprüngliche Feuerwasser. *Grogue* hat einen Alkoholgehalt um die 40 Prozent und wird auf allen Ge-

*Grogue*-Produktion: Als Erstes werden die Zuckerrohrstangen in einer Presse entsaftet

birgsinseln gebrannt, aber es heißt, der beste käme von Santo Antão.

## K RIOLU

Die Nationalsprache Kriolu (Kreol) ist die Alltagssprache auf Kap Verde, während die offizielle Amtssprache Portugiesisch ist. Kriolu hat verschiedene Varianten. Jede Insel hat ihren eigenen Dialekt, und sehr deutlich ist der Unterschied zwischen den Nord- und Südinseln. So unterscheidet sich z. B. das Kriolu von Santiago sehr stark von der Sprache auf den Nordinseln. Eine gemeinsame, inselübergreifende Schriftsprache gibt es offiziell zwar nicht, eine verschriftlichte Variante wird aber für Werbezwecke auf Wandtafeln und in Zeitungsanzeigen genutzt. Entstanden ist Kriolu aus mehreren afrikanischen Sprachen und Portugiesisch. 90 Prozent des Vokabulars entstammen dem Portugiesischen, die Grammatik hat afrikanische Wurzeln. Im 15. Jh. war Kriolu in der Seefahrt eine wichtige Verkehrssprache.

## M ERCEARIA & BARBEARIA

Es gibt sie in jedem Dorf: den Gemischtwarenladen und den Barbier. Eine unscheinbare *mercearia,* ein winziger Gemischtwarenladen, der zugleich auch als Bar funktioniert, ist fast an jeder Straßenecke zu finden. Während die einen dort eine Tüte Mehl, einen Löffel voll Paprika oder zwei Brühwürfel kaufen, hebt der andere schon mal ein Gläschen *grogue* auf die Anwesenden. Etwas versteckter liegt dagegen häufig die *barbearia,* in der sich Herren nicht nur die Haare schneiden, sondern sich auch rasieren lassen können.

## M ORABEZA

Ihr ganz spezielles Lebensgefühl nennen die Kapverdier *morabeza.* Das Wort zu übersetzen oder klar zu umreißen ist unmöglich. Lebensmut und Lebenslust gehören dazu, Sehnsucht, Heimatliebe und ein nationales Verbundenheitsgefühl, Würde, Gastfreundschaft, Achtung und Freundlichkeit gegenüber anderen, die kreolische Kultur und vieles mehr.

## M USIK

Musik ist allgegenwärtig. Überall läuft ein Radio, egal ob im Taxi, in den Cafés, den Büros, am Strand. Das meiste, was gespielt wird, ist allerdings keine ursprünglich kapverdische Musik, sondern Zouk – moderne elektronische Popmusik, die auf den Karibikinseln Martinique und Guadeloupe entstand. Die neuen karibischen Klänge wurden mühelos in die heimische Kultur integriert wie zuvor schon westafrikanische, portugiesische oder brasilianische Einflüsse.

Stil und Instrumente der traditionellen Musik unterscheiden sich teilweise von Insel zu Insel und sehr deutlich von den Nord- zu den Südinseln. Auf den nördlichen Inseln sind melodische Lieder mit poetischen Texten zu Hause, die zumeist von Gitarre, der viersaitigen *cavaquinho* oder Violine begleitet werden. Die wichtigsten Musikstile sind die melancholische *morna* und die fröhlichere *coladeira.* Dank Cesária Évora (gest. 2011) und ihrem Lied „Sodade" kennt fast jeder Europäer eine *morna.* Die Sängerin nahm Ende der 1980er-Jahre mit 47 Jahren ihre erste Platte auf und wurde innerhalb weniger Jahre zum Weltstar.

Im Süden überwiegen die afrikanischen Elemente. Ein improvisierter Sprechgesang nach einem Frage-Antwort-Schema mit vielen Wiederholungen und eine rhythmische, von Trommeln getragene Struktur prägen die dortigen Musikformen. *Funaná, batuco* und *tabanka* sind die bedeutendsten von ihnen. Gemeinsam ist allen Musikrichtungen, dass sie eher zum Teilnehmen und Mitmachen einladen als zum Zuhören – Singen, Tanzen und Feiern liebt jeder Kapverdier.

*rabelados* für ein halbes Jahrhundert aus religiösen und politischen Gründen komplett aus der Gesellschaft aus, bis die kapverdische Künstlerin Misá die Isolati-

Wanderer kommen auf den Gebirgsinseln auf ihre Kosten

## ORIL

Das Strategiespiel *oril* (Kriolu: *urim*) begegnet dem Besucher auf allen Inseln. Vor Haustüren, in Cafés oder auf öffentlichen Plätzen sitzen zwei Männer, zwischen sich einen länglichen Holzkasten mit zwölf Kuhlen. Jeder Spieler verfügt über 24 Kugeln aus pfenniggroßen, olivgrünen Pflanzensamen, die er in seinen und den Kuhlen des Gegners so verteilen muss, dass er möglichst schnell wieder Kugeln entnehmen darf. Gewinner ist, wer mehr als 24 Kugeln in seinen Besitz gebracht hat.

## RABELADOS

Als *rabelados* bezeichnen sich die Angehörigen einer Volksgruppe auf Santiago, deren historische Wurzeln in Gruppen geflohener Sklaven liegen. In den 1940er-Jahren gliederten sich die

on in den 1990ern durchbrach, indem sie mit ihren Werken einen neuen, eigenen Weg zum künstlerischen Ausdruck schuf. Seitdem hat sich die Gemeinschaft, die ihren eigenen Regeln folgt, immer mehr den Einflüssen von außen geöffnet. Inzwischen sind in ihrem größten Dorf Espinho Branco sogar Besucher willkommen. Dort dürfen sie sich von der Lebensweise der *rabelados* ein Bild machen und vielleicht auch eines mitnehmen, das mit Sicherheit eines ist: einmalig.

## RELIGION

Religion spielt eine große Rolle auf Kap Verde, fast jeder Erwachsene ist Mitglied einer Glaubensgemeinschaft. Der katholischen Kirche gehören rund 80 Prozent der Bevölkerung an, doch andere Glaubenslehren werden immer populärer. 5 Prozent der Kapverdier sind

Protestanten – etwa die Hälfte von ihnen Nazarener – und weitere 5 Prozent bekennen sich zu anderen Religionen, während 10 Prozent konfessionslos sind.

## SCHULE

Wenn Sie vormittags Kinder sehen, die eigentlich in der Schule sitzen sollten, wundern Sie sich nicht: Die Grundschule funktioniert im Schichtbetrieb. Von 8 bis 12.30 Uhr lernt dort ein Teil der Kinder, dann gibt es Mittagessen für alle Schüler, und von 13 bis 17.30 Uhr ist der zweite Teil dran. Eine Schulpflicht besteht bis zur einschließlich 6. Klasse.

## SKLAVENHANDEL

Zwei Faktoren verketteten sich in der zweiten Hälfte des 15. Jhs auf verhängnisvolle Weise: Spanien und Portugal kolonisierten Afrika und Amerika, und in Europa kam ein neues Nahrungsmittel in Mode: Zucker. Die in den Kolonien angelegten Zuckerrohrplantagen bewirtschaftete man mit Sklaven, die zu Tausenden von der Westküste Afrikas verschleppt wurden. Innerhalb einiger Jahrzehnte enstand ein profitträchtiger Dreieckshandel, der Millionen von Menschen das Leben kostete: Waffen und Manufakturerzeugnisse nach Afrika, Sklaven nach Amerika, Zucker und Rum nach Europa. Kap Verde war dank seiner Lage ein wichtiger Knotenpunkt, sodass Ribeira Grande in kürzester Zeit zu einem bedeutenden Umschlagplatz für den Sklavenhandel heranwuchs. Der Spuk dauerte rund 350 Jahre.

## SODADE

Das Gefühl unwiederbringlichen Verlusts und unstillbarer Sehnsucht – sei es nach der weit entfernten Heimat, einer verlorenen Liebe, der Familie oder der Vergangenheit – bezeichnen die Kapverdier als *sodade*. Diese bittersüße Sehnsucht wird vor allem in den melancholischen Liedern der *morna* ausgedrückt.

## TOURISMUS

Die Kapverden rücken touristisch gesehen zunehmend in den Fokus des Interesses. Gleichbleibend warme Temperaturen, wundervolle Sandstrände, ein exotisches Flair und das alles in einer Distanz von sechs bis sieben Flugstunden – märchenhaft! Sal und Boavista sind mit ihren weißen Traumstränden am türkisfarbenen Ozean für den Massentourismus wie geschaffen, und so boomen Bauwirtschaft und All-inclusive-Hotels. Die von einer Steilküste umgebenen, gebirgigen Inseln eignen sich hervorragend für individuellen Wander- und Erlebnistourismus. Hier sind es vor allem kleine heimische Betriebe, die von der Zunahme der Urlauberzahlen profitieren.

## WASSER

Nichts ist auf Kap Verde so kostbar wie Wasser. Keine der Inseln verfügt über ausreichende Niederschläge; die überall vorhandenen Zisternen werden die meiste Zeit des Jahres vom Tankfahrzeug gefüllt. In ländlichen Gebieten wird das Wasser an öffentlichen Sammelstellen abgeholt und in Plastikkanistern auf dem Eselsrücken nach Hause transportiert. Moderne Hotels werden durch eigene Meerwasserentsalzungsanlagen versorgt. Doch das ist kein Freibrief: Wasser sparen ist angesagt!

## ZÖPFE

Egal, ob Männer, Frauen oder Kinder: Viele Kapverdier tragen ihre Haare zu kleinen Zöpfen *(tranças)* geflochten. Frisuren und Formen zählen unendliche Variationen und bleiben manchmal nur ein paar Tage erhalten – dann wird eine neue kreiert. Meistens zieren das Ende der Zöpfchen bunte Plastikperlen.

# ESSEN & TRINKEN

**Was in Kap Verde auf den Tisch kommt, bestimmt der Geldbeutel. Armut und Reichtum spiegeln sich auf dem Teller: Mais und Bohnen für die einen, Langusten für die anderen.**

Letztere stehen bei Feinschmeckern hoch im Kurs und kommen rund um die Inseln häufig vor. Zu moderaten Preisen werden sie in fast jedem Lokal zubereitet. Wer arm ist, isst *einfach und nahrhaft*. Aus Mais, Hülsenfrüchten und Gemüse zaubern die kapverdischen Köchinnen Eintöpfe, die in ihrer Vielfalt dem Reichtum des Ozeans kaum nachstehen. Je nach Region werden bestimmte Zutaten wie Schweine- oder Ziegenfleisch für die typischen Spezialitäten der einzelnen Inseln verwendet. Auf São Nicolau wird daraus *modje,* auf Fogo *djagacida* gekocht.

Essen ist eine gesellige Angelegenheit: Bei einer Mahlzeit sitzen meist Verwandte, Freunde und Nachbarn mit am Tisch, und auf keiner privaten oder öffentlichen Feier darf ein üppiges Festessen fehlen. Das *kapverdische Nationalgericht* heißt *cachupa.* Der Eintopf aus gestampftem Mais und Bohnen wird mit Gemüse und – sofern man hat – mit Fleisch, Wurst oder Fisch angereichert. *Cachupa* gibt es zu jeder Gelegenheit: zunächst als dicke Suppe, am nächsten Morgen als gebratenes Püree mit Zwiebeln und vielleicht einem Ei. Eine *cachupa* ist dabei mehr als eine nahrhafte Mahlzeit – sie gehört zum kapverdischen Lebensgefühl, schafft ein Stück gemeinsame Identität.

Auch Fisch *(pexi)* wird viel gegessen. Die artenreichen Gewässer decken den

Tisch reichlich: Kleine Fische wie *garoupa, cavala* oder *bonito* werden im Ganzen mit Kopf und Gräten zubereitet, Großfische wie *serra, dorada, esmoregal* oder Thunfisch *(atum)* werden portionsweise als Filet serviert, und zwar am liebsten gegrillt. Auch Meeresfrüchte sind immer appetitlich und frisch. Tintenfisch, Muscheln und Meeresschnecken werden auf vielerlei Weise schmackhaft zubereitet. Während der Schonzeit von Juli bis November sollten Sie allerdings auf Langusten verzichten!

Frischer Fisch ist auf Kap Verde **geschmacklich kaum zu übertreffen** und Fleischgerichten *(kárni)* vorzuziehen – jedenfalls dort, wo Hühner *(frángu)* aus der Tiefkühltruhe kommen statt vom eigenen Hof. Die zunehmende Verbreitung von Tiefkühlprodukten ist eine fragwürdige und unter Umständen gefährliche Angelegenheit, denn eine ununterbrochene Kühlkette kann auf den Kapverden niemand gewährleisten. Auch Schweinefleisch ist mit Vorsicht zu genießen: Auf manchen Inseln gibt es keine Trichinen-

**Arroz de marisco** – Reis mit Meeresfrüchten

**Arroz de peixe** – Reis mit einer oder mehreren Sorten Fisch

**Bife de atum** – Thunfischsteak

**Bife de serra** – Schwertfischsteak (Foto re.)

**Búzio** – Meeresschnecken

**Cabrito** – Zicklein

**Caldo de peixe** – Fischsuppe

**Canja de galinha** – Hühnersuppe mit Reis

**Cozido de peixe** – gekochter Fisch mit Kartoffeln und Gemüse

**Doce de coco** – Konfekt aus Kokosmark und Zucker

**Doce de leite** – Milchpudding

**Doce de papaia** – Fruchtgelee aus eingekochten Papayas

**Feijoada** – deftiger Bohneneintopf

**Frango assado** – Hühnchen vom Grill

**Garopa** – Barsch, meist im Ganzen angeboten; Achtung: viele feine Gräten!

**Lagosta grelhada** – gegrillte Languste (Foto li.)

**Lagosta soada** – in Sud geschmorte Languste mit Tomaten und Zwiebeln

**Lapas** – Pfahlmuscheln

**Legumes cozido** – gedünstetes Gemüse

**Molho de mancarra** – Erdnusssauce

**Polvo** – Krake

**Pudim de coco** – Kokosnusspudding

**Pudim de queijo** – Pudding aus Ziegenkäse

**Queijo de cabra** – Frischkäse aus Ziegenmilch

**Xerém** – Maisbrei, wird mit verschiedenen Beilagen serviert

beschau oder Ähnliches. Fleisch vom Rind ist nicht riskant, aber nach europäischem Standard oft sehr zäh. Gängige Beilagen zu Fisch- und Fleischgerichten sind Wurzelgemüse wie Süßkartoffeln, Karotten, Maniok und Yams, die gekochte Frucht des Brotfruchtbaums, Kohl und Kartoffeln. Dazu werden meist Reis und/oder Pommes frites serviert.

Als Dessert wird oft ein Pudding vorgeschlagen: *pudim de leite* (Milch), *coco* (Kokos) oder *café* (Kaffee), oder aber frische Früchte. Papaya und Bananen wachsen das ganze Jahr über, während Mangos, Guaven, *pinha* (Stachelanone), Maracuja, Kokosnuss, Äpfel sowie die auf Fogo vorkommenden Granatäpfel, Feigen und Quitten nur in der entsprechenden Saison zu haben sind. Die bekannteste Nachspeise ist *doce de papaia com queijo* – kandierte Papayastreifen mit pikantem Ziegenkäse. Besonders berühmt für seinen leckeren Geschmack und die gute Qualität ist der Ziegenkäse von Fogo und der von Santo Antão.

Das kontinentale Frühstück *(kebra-djudjum)* in kleinen Hotels und Pensionen besteht meistens aus luftigen Brötchen, Käse, Papayagelee, frischer Papaya, Kaffee und einem Orangen-Mixgetränk. Große Hotels bieten meist ein Frühstücksbuffet mit reichhaltigem Angebot.

Der Kaffee *(kafé)* von Fogo besitzt ebenso wie Fogo-Wein *(vinho de Fogo)* einen besonderen Geschmack, denn der Vulkanboden verleiht Bohnen wie Trauben ein *fruchtiges, volles Aroma*. Wein wird auf keiner weiteren Insel gewerblich angebaut, Kaffee dagegen schon: Auch auf Santo Antão und Santiago finden Sie die fein verästelten Sträucher mit den leuchtend roten Beeren. Auf allen Gebirgsinseln wird das typischste kapverdische Getränk hergestellt: *grogue* (Zuckerrohrschnaps). Ein Schuss Zuckerrohrsirup macht aus dem *grogue* einen *pontche,* den traditionellen Zuckerrohrlikör. Doch auch Liköre, die mit Früchten, Kräutern oder Kokosnuss angesetzt sind, werden oft als *pontche* bezeichnet.

In der Hauptstadt Praia wird das *einheimische Bier (serveja)* Strela gebraut. Aus Portugal importiertes Bier (Sagres, Superbock), portugiesische Weine und Erfrischungsgetränke aus Europa und Brasilien sind fast überall erhältlich. Besonders lecker sind die Mango- und Guavensäfte. Wasser *(águ)* gibt es aus heimischer oder portugiesischer Abfüllung in Flaschen. Ihrer Gesundheit zuliebe sollten Sie darauf zurückgreifen: Trinken Sie auf den Kapverden kein Leitungswasser! Allerorts gibt es einheimische Restaurants, die einfache regionale Küche

bieten. In den meisten gehört auch eine *cachupa* zum Standard – ein gutes Zeichen: Hier essen die Kapverdier! Es lohnt sich, **INSIDER TIPP** mittags nach dem Tagesgericht *(prato do dia)* zu fragen – es ist immer frisch gekocht und sehr billig. Eintöpfe, Fisch und Huhn sind dabei die häufigsten Gerichte.

Oft bieten *Stände am Straßenrand* kleine frittierte Pasteten, gegrillte Hühnerkeulen oder Ähnliches an. Generell gilt: nur gekochte Speisen verzehren. Auf Eiswürfel und Speiseeis sollten Sie auf den Kapverden ganz verzichten.

Die meisten Restaurants öffnen von 12 bis 15 Uhr und von 18 oder 19 bis 22 oder 23 Uhr. Cafés sind meist den ganzen Tag geöffnet. Wenn Sie draußen Platz nehmen, bleibt das oft unbemerkt. Um langes Warten zu vermeiden, sagen Sie am besten im Lokal Bescheid, dass Sie da sind und etwas verzehren möchten.

Authentische regionale Küche genießen Sie in den kleineren Restaurants

# EINKAUFEN

Einkaufen auf Kap Verde heißt: den Markt besuchen. In jedem Dorf, in jeder Stadt ist er Mittelpunkt des sozialen Lebens. Am Vormittag trifft sich der halbe Ort, um Einkäufe zu tätigen und Neuigkeiten auszutauschen. Die größten Märkte finden Sie auf Santiago: In Praia gibt es neben dem turbulenten Obst- und Gemüsemarkt auch einen riesigen Gebrauchswarenmarkt *(sucupira)*. Er wird nur noch vom Wochenmarkt in Assomada *(Mi, Sa)* übertroffen. Auf den Märkten können Sie auch gut nach typisch kapverdischen Produkten Ausschau halten, doch zwischen all dem bunten Flitterkram aus Fernost sind lokale Keramikartikel oder traditionell geflochtene Korbwaren gut versteckt. Nicht zu verwechseln mit Originalprodukten aus Kap Verde sind Souvenirs aus Afrika, die inzwischen überall angeboten werden – mit Kap Verde haben die nichts zu tun.

## GROGUE & PONTCHE

Typisch kapverdische Mitbringsel sind der Zuckerrohrschnaps *grogue* und der süße Likör *pontche*. Selbstgebranntes nach Hausrezept ist vor allem auf den Gebirgsinseln weit verbreitet. Halbrunde Brennöfen neben den Häusern weisen darauf hin, dass hier *grogue* produziert wird. Die Produzenten brauchen eine staatliche Brennlizenz, aber destillieren ausschließlich nach Erfahrungswerten. Wenn Sie in Bezug auf die Reinheit ganz sichergehen möchten, kaufen Sie einen Schnaps, der auf Fuselstoffe geprüft wurde: in einem Supermarkt oder auf Santo Antão bei **INSIDER TIPP** **Alfred Mandl** *(www.grogue.de)*.

## KERAMIK

Haushaltsgegenstände wie große, bauchige Wassertöpfe *(pote)*, Vorratsbehälter und Gebrauchsgeschirr aus unglasiertem Ton gibt es auf fast allen Märkten zu kaufen. Seltener sind aufwendig verzierte Vasen mit figurativen oder geografischen Mustern zu finden. Für ihre Töpferkunst bekannt sind die Inseln Boavista, Sal, Maio, São Vicente und Santiago.

## MUSIK-CDS & INSTRUMENTE

Musik ist das Lebenselixier der Kapverdier und das, was sie den Härten des Lebens entgegensetzen. Das Schöne: Kapverdische Musik als Gegengewicht zum

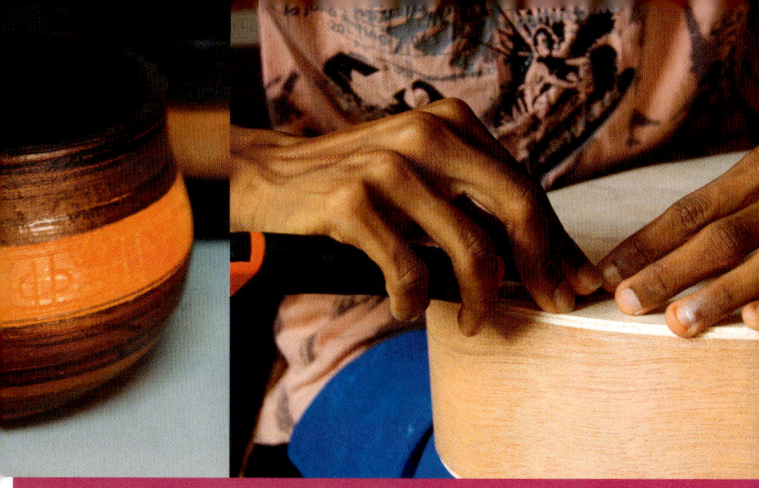

Alltag wirkt auch bei Europäern! Nehmen Sie mit den typischen Klängen ein Stück kreolisches Lebensgefühl mit nach Hause. Die große Auswahl an Musikrichtungen und Musikern ist jedoch nicht leicht zu überschauen; ein Geschäft mit guter Beratung ist Gold wert. Wer selbst Musik macht, kann sich auf einem original kapverdischen Instrument versuchen, z. B. einer Trommel, Gitarre oder der kleinen, viersaitigen *cavaquinho*. Auf São Vicente pflegen der Gitarrenbauer Luís Baptista und seine Brüder die Tradition der Herstellung von Saiteninstrumenten. **INSIDER TIPP** In ihrer *Werkstatt (Mindelo | Tel. 9 92 66 92)* können Sie sehen, wie eine Gitarre, *rabeca* (Violine) oder *cavaquinho* entsteht. Die Brüder sind alle selbst Musiker – vielleicht verraten sie Ihnen, wo ihr nächster Auftritt stattfindet ...

## PANOS

*Panos* sind rund 15 cm breite, gewebte Baumwollstreifen, die meist als Kleidungsstück um die Hüfte getragen oder als Trageschlaufe für Babys benutzt werden. Traditionelle *panos* stammen von Santiago oder Fogo und sind in Schwarz-Weiß mit verschiedenen geometrischen Mustern erhältlich. Moderne Varianten gibt es auch in anderen Farben. Manchmal sind kleine Taschen und andere Accessoires aus diesen Stoffen zu finden.

## VINHO DE FOGO

In drei Kellereien wird auf Fogo Wein gekeltert. 2014 wurde die Kellerei in Chã das Caldeiras von Lava verschüttet, doch ein Großteil der Reben blieb verschont. So kann man weiterhin den hervorragenden Wein „Chã" kaufen, wenn auch in begrenztem Umfang. Die Weine der Marke „Maria Chaves" werden in der Nähe von São Filipe gekeltert und sind deutlich teurer. Der dritte kommerziell hergestellte Wein heißt „Sodade". *Manecom* nennt man selbst gekelterten Hauswein, dieser ist von schwankender Qualität.

# OSTINSELN

**Staubig und trocken ist die Luft, feiner Sand bläst in Augen und Ohren. „Wüsteninseln" nennt man die drei Inseln Sal, Boavista und Maio, und sie machen ihrem Namen alle Ehre.**

Wüste gibt es reichlich – endlose rotbraune Geröllfelder ohne Vegetation, gelbe Steppen, wo sich vereinzelte Akazienbüsche in den kargen Boden krallen, und hellweiße Sicheldünen, die der Wind aus der Sahara hergetragen hat. Eines haben sie alle gemeinsam: Staub, flirrende Hitze und eine irgendwie unwirkliche Atmosphäre. Wer in dieser lebensfeindlich erscheinenden Landschaft eine Fata Morgana erlebt, hält fortan alles für möglich. Erstaunlich, wie sich dürre Steppen und karge Salzwiesen zum Meer hin allmählich in die herrlichsten Strände verwandeln. Kilometerlange feine, weiße Sandstrände und kristallklares Wasser in leuchtendem Türkisblau lassen keine Wünsche offen. Vor allem Wassersportler lieben die Ostinseln – zum Wind- und Kitesurfen, Wellenreiten, Segeln, Tauchen, Schnorcheln und Angeln herrschen optimale Bedingungen. Auch für Ornithologen und andere Naturliebhaber halten die Wüsteninseln Interessantes bereit: Fischadler und tropische Seevögel lassen sich ebenso beobachten wie Meeresschildkröten, die in stillen Sommernächten an Land kommen, um im warmen Sand ihre Eier abzulegen.

Auf Sal und Boavista spielte ab etwa 1620 der Salzhandel eine wichtige Rolle und prägte die Menschen wie nirgendwo sonst auf den Kapverden. 200 Jahre

**Weiße, endlose Traumstrände, türkisblauer Ozean und schattige Wüstenoasen: willkommen im Paradies für Wasserratten!**

lang sorgte er für Arbeit und Wohlstand und machte die Ostinseln zu den wichtigsten und reichsten des Archipels. Die Vulkantätigkeit endete auf den Ostinseln wesentlich früher als im Rest des Archipels. Ständige Bodenerosion trug das Gestein bis auf wenige Vulkanschlote und Zeugenberge ab und schuf die flache, wüstenartige Oberfläche. Der Wind trägt staubfeinen Sand aus der Sahara über den Atlantik und formt aus ihm und dem verwitterten Sedimentgestein an den Küsten feine Sandstrände.

# SAL

(138 B–C 2–5) (𝒪 Q–R 4–6) **30 km von Nord nach Süd, 12 km von West nach Ost: Sal (26 000 Ew.) ist die nordöstliche Insel des Archipels und die flacheste von allen.**

Die höchsten Erhebungen sind der *Monte Leste* (263 m) und der *Monte Grande* (406 m). Sie liegen in einer Vulkankette in der unwegsamen Landschaft des Nordens. Hier leben nur einige Dutzend

Wellness im Vulkankrater: ein Bad in den Salzpfannen von Pedra de Lume

Menschen; die einzigen Zeichen von Zivilisation sind ein paar einsame Ziegen, die frei durch weite Geröllfelder streifen. Lediglich einige dürre Akazien und ein wenig Landwirtschaft um das Gebiet Terra Boa lockern die karge Landschaft auf. Nördlich der Inselhauptstadt Espargos sind die Felsformation Buracona und die Salinen bei Pedra de Lume für Touristen interessant. In Richtung Süden geht die Geröllwüste in eine flache Dünenlandschaft über und dann in kilometerlange feinsandige Bilderbuchstrände. Hier liegt das touristische Flaggschiff der Kapverden: Santa Maria. Von November bis Juni begeistert ein kräftiger Passat Surfer und Segler – die Badegäste manchmal weniger. In der Inselhauptstadt Espargos trifft man auf eine ursprünglichere kapverdische Lebensart – nur 2 km vom internationalen Flughafen entfernt.

## SEHENSWERTES

### BURACONA (138 B3) (*∅ Q4*)

In Buracona an der Nordwestküste können Sie das *Olho Azul,* ein tiefes Loch im Vulkanfelsen, bestaunen. Das Meerwasser schimmert in spektakulärem Blau, wenn die Sonne im richtigen Winkel steht **INSIDER TIPP** (ca. 11–13 Uhr). In den natürlichen Meeresschwimmbecken können Sie baden. Von Palmeira aus über die Küstenstraße in Richtung Norden, etwa 6 km.

### ESPARGOS (138 B3) (*∅ R5*)

Die Hauptstadt der Insel (17 000 Ew.) liegt am Fuß des Hügels ✱ *Monte Curral.* Er gewährt einen schönen Rundumblick über den nördlichen Teil der Insel. Die würfelförmigen, ein- und zweistöckigen Häuschen in Blau-, Gelb- und Rosatönen machen einen europäischen Eindruck, doch am Straßenrand verkaufen die farbenfroh gekleideten Händlerinnen Bananen, Papayas und frisch gefangenen Fisch aus bunten Plastikschüsseln. Europäisch? Afrikanisch? Von allem etwas. Die Männer treffen sich zum *Oril-*Spiel unter Schatten spendenden Bäumen, der Ortskern an der Praça 5 de Julho wirkt verschlafen. Dort steht die türkisblaue *Nazarenerkirche,* und in der Nähe finden

Schiff erreicht. Schweröltanker und Containerschiffe löschen hier ihre Ladung. Der aufstrebende Hafenort wird immer wichtiger für die Insel, und vom pittoresken Hafenörtchen ist nicht mehr viel übrig geblieben.

### PEDRA DE LUME ⭐ (138 B3) (*R5*)

Die ● *Salinenanlage* beim Dörfchen Pedra de Lume (400 Ew.) liegt nur ein paar Kilometer von Espargos entfernt. Die Salzgewinnung war einst der wirtschaftliche Motor für die ganze Insel. Ein natürlicher Vulkankrater, dessen Boden unterhalb des Meeresspiegels liegt, bot dem Salzhandel vielversprechende Bedingungen. Ein Tunnel wurde durch die Kraterwand gebohrt, später transportierte eine Seilbahn das Salz zum Hafen. Die Saline verlor ihre Bedeutung Ende des 19. Jhs. Heute leben nur noch eine Handvoll Fischer in Pedra de Lume, und die Saline erfüllt touristische Zwecke. Nehmen Sie ein Bad in den Salzpfannen *(tgl. 7–18 Uhr | Eintritt 500 CVE)* – wie im Toten Meer können Sie nicht untergehen.

Sie die meisten Restaurants und Pensionen der Stadt.

### PALMEIRA (138 B3) (*R5*)

Das frühere Fischerdorf Palmeira (1400 Ew.) ist heute der Hauptumschlagplatz für alles, was die Insel per

---

⭐ **Pedra de Lume**
In den Salzpfannen haben Schwimmer Oberwasser → S. 35

⭐ **Praia de Santa Maria**
Glasklares türkisfarbenes Wasser und weißer Sand → S. 39

⭐ **Deserto de Viana**
Endlos reiht sich Düne an Düne – bis zum Horizont → S. 42

⭐ **Sal Rei**
Boavistas Hauptstadt, ein ehemals verschlafenes Fischerdorf, mausert sich zunehmend zum Urlaubsort → S. 43

⭐ **Praia de Santa Mónica**
Endlose Weite und ringsum nur Natur: ein menschenleerer, pudrig weißer Traumstrand, der nicht ganz einfach zu erreichen ist → S. 46

⭐ **Cidade de Porto Inglês**
In den schmalen Gässchen des Inselhauptstädtchens von Maio, das auch mit einem Bilderbuchstrand aufwarten kann, gehen die Uhren langsamer → S. 49

⭐ **Praia de Santana**
Badestrand mit 25 m hohen Dünen aus feinem Saharasand – ein Paradies für Strandläufer → S. 52

**MARCO POLO HIGHLIGHTS**

Im zugehörigen Café *(tgl.)* gibt es kalte Getränke und Sandwiches, eine Dusche und Liegestühle zum Ruhen.

### SANTA MARIA (138 B5) (*ĎĎ R6*)

Auch dieser Ort (6500 Ew.) verdankt seine Existenz dem Salz. Das restaurierte *Waagehaus* auf der Praça Marcelo Leitão, bieten Zerstreuung für jeden Geschmack. Der Ortskern besteht aus dem Hauptplatz *Praça Marcelo Leitão* mit der katholischen Kirche und den drei angrenzenden Parallelstraßen Rua Amílcar Cabral, Rua 1 de Junho und Rua 15 de Agosto. Ein- und zweistöckige Häuschen in verschiedenen Stadien des Verfalls und ei-

In den Straßenlokalen in Santa Maria sitzen Sie mitten im Geschehen

das nun Souvenirshops beherbergt, ist Zeuge dieser Zeit. Heutzutage ist Tourismus der wichtigste Wirtschaftsfaktor. Die meisten Urlauber wohnen im Hotelviertel westlich des alten Hafenkais, das sich einige Kilometer den Strand entlang zieht. An der lang gestreckten Strandpromenade liegen hoteleigene Beachclubs sowie Restaurants, Surfstationen, Tauchschulen etc. Tagsüber spielt sich hier das Leben ab, während es am Abend in den kleinen Gässchen rund um den Hauptplatz interessanter wird: Ungezählte Souvenirshops, Bars und Restaurants

nige Herrenhäuser im portugiesischen Kolonialstil bilden einen spannenden Kontrast zu modernen Geschäften.

## ESSEN & TRINKEN

Eine Auswahl an Cafés und Restaurants gibt es nur in Santa Maria und Espargos. In den kleineren Orten ist das Angebot dünn und oft nur zeitweise verfügbar.

### D'ANGELA

Sehr gutes und preiswertes Essen, und das direkt am Meer! Wenn Sie möchten, können Sie einen Tisch mitten im Sand wählen. Besonders lecker sind die Fischgerichte. Beim **INSIDER TIPP** Mittagsbuffet wird nach Gewicht abgerechnet. *Tgl. | Santa Maria | Rua Independencia | Tel. 2 42 13 62 | €–€€*

### ATLANTIS

Behagliches Ambiente mit Seeblick, dazu erlesene Weine und französisch-kreolische Küche vom Feinsten. Abends kommt die schöne Architektur am besten zur Geltung. Mittags gibt es Snacks und Sandwiches. *Tgl. | Santa Maria | Strandpromenade, gegenüber Hotel Belorizonte | Tel. 2 42 18 79 | €€*

### INSIDER TIPP COMPAD

Typisch kapverdische Küche zum kleinen Preis. Die Fisch- oder Hühnchengerichte finden auch bei den Einheimischen Anklang – immer ein gutes Zeichen! *Tgl. | Santa Maria | Rua 1 de Junho | €*

### CAFÉ CRIOLO

Alteingesessenes Café für jede Tageszeit: Das Frühstück stellt man sich selbst zusammen, mittags lockt das wechselnde Tagesgericht, abends das kühle Bier vom Fass sowie eine reiche Auswahl an Snacks und Hauptgerichten. *Mo–Sa | Santa Maria | nahe Polivalente | Tel. 2 42 17 74 | €*

### CROG'S

Der Tscheche Zdenek möchte die Badegäste aus Santa Maria nach Espargos locken – mit Bier vom Fass, allerlei Fisch- und Grillspezialitäten, einer reichhaltigen Pizza-Auswahl und Livemusik am Samstagabend. *Tgl. | Espargos | Hortelão Baixo | Tel. 2 41 41380 | €€*

### INSIDER TIPP O FAROLIM

Das Restaurant des Hotels Odjo d'Água ist ein wahrhaft magischer Ort über den Wellen. Das Rauschen der Brandung, kapverdische Lieder und ein exquisites Mahl – der schönste Platz der Insel für ein romantisches Essen. Nicht nur für Hotelgäste! *Tgl. | Santa Maria | in der Hotelanlage Odjo d'Água | Tel. 2 42 14 14 | €€€*

### LEONARDO

Feine italienische Leckerbissen in freundlichem Ambiente. Hausherr Alessandro bietet schmackhafte Fleischgerichte, frischen Fisch, hausgemachte Nudeln und dazu eine herrliche Auswahl an internationalen Weinen. *Tgl. | Santa Maria | Zentrum | Tel. 9 81 00 57 | €€€*

### TURIFOGO – ZUM FISCHERMANN

Die Berliner Jutta und Uwe sind Experten für die Zubereitung von Fisch. Das beweisen nicht nur ihre phantastischen Fischgerichte, die beiden wissen auch auf alle Fragen zum Thema Fisch eine Antwort. Staunenswert: die prächtigen Muschelbilder. TV-Live-Übertragung aller deutschen Fußballspiele. *Tgl. | Santa Maria | am Ortseingang, gegenüber der Bank BCA | Tel. 9 91 76 00 | €€*

## EINKAUFEN

Im Ortskern von *Santa Maria* gibt es ebenso viele Souvenirgeschäfte wie Restaurants und Cafés. In den meisten wird Kunsthandwerk vom afrikanischen Kontinent angeboten: Batikkleider, Bilder, Skulpturen, Schmuck und vieles mehr. Auch im *Gebäude des ehemaligen Gemüsemarkts* in der Rua Amílcar Cabral wird afrikanisches Kunsthandwerk verkauft. Hier sind Auswahl und Konkurrenz am größten – und auch die Vehemenz, mit der Sie zum Kauf gedrängt werden.

### GENUINE CAFÉ

Café und Kunsthandwerk unter einem Dach – in der alten Markthalle gibt es handgemachte Taschen aus bunten

Stoffen, Souvenirs aus Recyclingmaterial, Körbe, Schmuck etc., zum Teil aus Kap Verde, manches importiert. *Santa Maria | Rua 1 de Junho/am Praça Marçelo Leitão*

### OFICINA D'ARTE
In der hauseigenen Werkstatt werden handgefertigte Töpferwaren hergestellt, origineller Schmuck und original kapverdisches Kunsthandwerk von anderen Inseln vervollständigen das Sortiment. *Santa Maria | Rua 1 de Junho 651*

### SALÃO SEMPRE BELA ●
Wie wäre es mal mit einem neuen Look? In diesem Friseursalon können Sie sich die Zöpfchen *(tranças)* der Kapverdier flechten lassen, auch in Kombination mit unechten Haaren und in jeder gewünschten Länge. *Santa Maria | Rua Rua Amilcar Cabral | Tel. 9 93 73 07*

## FREIZEIT & SPORT

Die besten Surfreviere für Könner liegen im Südwesten *(Ponta Preta)* und Südosten *(Praia da Fragata)*, Anfänger sollten sich auf die Bucht zwischen der *Ponta de Leme Bedje* und der *Ponta do Sinó* beschränken. An der *Praia de Santa Maria* und der *Praia Leme Bedje* (138 B5) *(ℳ R6)* befinden sich mehrere Stationen für Wind- und Kitesurfing sowie Wellenreiten. Sie verleihen Ausrüstungen und veranstalten diverse Kurse in mehreren Sprachen.
Bootsausflüge mit Schwerpunkt Unterseewracks und Fischbeobachtung bietet die *Neptunus (Praia de Santa Maria | Tel. 9 56 54 10)*, ein Boot mit Unterwasser-Schaukabine. Verschiedene Ausflüge, Segeln, Reiten, Trekking, Sunsetwalks und andere Aktivitäten, die lokale und nachhaltige Strukturen stärken, organisieren ⊛ *Vista Verde Tours (Mo–Sa | Santa Maria | Promenada Georges Vynckier |*

*Tel. 2 42 12 61)*. Bei den deutschsprachigen, sehr interessanten *Inselausflügen mit Anne Seiler (Reservierung erwünscht, z. B. Mo, Mi, Fr 10–12 Uhr am Fischerkai | Santa Maria | Tel. 9 86 51 18 | www.annes-insel-info.de)* lernen Sie Sal von der nicht touristischen Seite kennen. Und auf eine nächtliche Exkursion zur Schildkrötenbeobachtung können Sie sich mit *SOS Tartarugas (Juli–Okt. | Santa Maria | Nähe Hotel Riu | Tel. 9 74 50 19 | www.sos tartarugas.org)* begeben. Für Inselausflüge auf zwei Rädern verleiht *Versilia-Bike (Santa Maria | Rua 1 de Junho | Tel. 9 55 56 97)* Mountain-, City- und Profibikes.

## STRÄNDE

Von *Praia de Santa Maria* aus in Richtung Westen bis zur *Baía de Algodoeiro* geht ein Traumstrand nahtlos in den anderen über. Schatten gibt es nirgendwo und Sonnenschirme nur an touristisch erschlossenen Plätzen. Wer woanders sein Handtuch ausbreiten möchte, muss vom Sonnenschutz bis zur Wasserflasche alles selbst mitbringen.

### BAÍA DE ALGODOEIRO (138 B4) *(ℳ R6)*
Etwa 4 km nördlich von Santa Maria in Richtung Espargos führt ein Weg zu den Stränden der Westküste. Noch ist nicht viel los, doch hier sollen die neuen Ferienzentren der Insel entstehen, und es wird heftig gebaut.

### BAÍA DE MURDEIRA (138 B4) *(ℳ R5)*
Murdeira liegt an der Westküste, etwa 6 km südlich von Espargos. In der lang gestreckten Bucht liegt eine weitere, kleinere Bucht – ein idealer Badestrand! Eine Feriensiedlung mit Apartments und Restaurants bietet nicht nur perfekte Bedingungen für Strandurlauber, sondern auch für Tagesgäste.

## COSTA DA FRAGATA
(138 B4–5) (*𝄞 R6*)

Eine Wüstenpiste führt etwa 3 km nördlich von Santa Maria zur Costa da Fragata an der Südostküste. Der 4 km lange Strand ist nicht besonders breit, aber bei Kitesurfern sehr beliebt.

## PONTA PRETA (138 B5) (*𝄞 R6*)

Im Südwesten, etwa 2 km von Santa Maria entfernt, liegt die felsige Landzunge Ponta Preta. Berühmt ist der Strand, weil hier bereits mehrere Windsurfing-Weltmeisterschaften ausgetragen wurden. Der beliebte Surfspot ist nur für Könner geeignet!

## PRAIA DE SANTA MARIA ★
(138 B5) (*𝄞 R6*)

9 km zieht sich der Hausstrand der Insel von der Ponta do Sinó bis zur Ponta Preta. Hotels, Strandbars und Beachclubs sorgen für Urlaubsfeeling, Surf- und Tauchstationen bieten Wassersportmöglichkeiten jeder Art.

## AM ABEND

Wer abends Trubel sucht, ist in *Santa Maria* richtig. In der *Rua 1 de Junho* und den anliegenden Straßen finden Sie jede Menge Kneipen, Bars und Diskos, und irgendwo gibt es garantiert Livemusik.

### BLU BAR
Gemütliche, unprätentiöse Kneipe, wo die Cocktails ganz besonders lecker schmecken und dazu feine Livemusik, z. B. in Form von Jamsessions, serviert wird. *Tgl. | hinter der Kirche*

### BUDDY
Einheimische und Urlaubsgäste amüsieren sich zusammen prächtig, die tägliche Livemusik trägt zur guten Stimmung bei. *Tgl. | Santa Maria | Rua 1 de Junho*

### CALEMA PUB
Die Gute-Laune-Bar: Coole Cocktails locken junges Surferpublikum. Fast immer Livemusik. *Tgl.*

Wer sich an der Ponta Preta für den Ritt auf den Wellen rüstet, sollte das Surfen beherrschen

Für einen Strandaufenthalt mit allen Annehmlichkeiten sorgt der Beachclub im Hotel Morabeza

### OCEAN CAFÉ

Verschiedene Biere und Cocktails, Pizza, so viel man essen kann, jeden Abend Livemusik, Gratis-WLAN, Sportübertragungen – jede Menge Gründe für jede Menge Gäste. *Tgl. | Praça Marcelo Leitão*

### PIRATA CLUB

Die angesagte Disko im Piratenstyle mit Totenkopfflagge und allem Drum und Dran. *Sa ab 23 Uhr | am Ortseingang*

## ÜBERNACHTEN

### LES ALIZÉS

Zehn freundliche Zimmer in einem renovierten Kolonialhaus. Familiäre Atmosphäre. Das Frühstück nehmen Sie auf der Dachterrasse mit Meerblick ein. *Santa Maria | Rua 1 de Junho | Tel. 2 42 14 46 | www.pensao-les-alizes.com | €€*

### HOTEL DUNAS DE SAL

Modernes Vier-Sterne-Designhotel mit viel Licht und puristischem Interieur. Direkt am Strand mit zwei Pools, Spa, Fitnessstudio, Tauchcenter und dabei sehr ruhig gelegen. Nach Santa Maria sind es etwa 20 Minuten Fußweg. *48 Zi. | Ponta Preta | Tel. 2 42 90 50 | www.hoteldunasdesal.com | €€€*

### HOTEL DA LUZ

Preisgünstiges, angenehmes Familienhotel nur zehn Minuten vom Stadtzentrum. Innenhof mit Swimmingpool. 38 schnörkellose Zimmer mit Klimaanlage. *Santa Maria | Tel. 2 42 11 38 | www.wix.com/hoteldaluz/sal | €€*

### HOTEL MORABEZA

Das sprichwörtlich erste Haus am Platz: alteingesessenes, renommiertes Vier-Sterne-Hotel direkt am Strand, mit drei Restaurants, Family-Suites, Mini-Club, diversen Ausflugs- und Freizeitangeboten, z. B. Bogenschießen. Geschmackvolles Ambiente, schöne, großzügige Zimmer. Freitags ist in der Hotelbar Karaoke angesagt: Wer mitmacht, bekommt einen Caipirinha. *140 Zi. | Praia de Santa Maria | Tel. 2 42 10 20 | www. hotelmorabeza.com | €€€*

### HOTEL ODJO D'ÁGUA

Vier-Sterne-Hotel mit Privatstrand auf einer Landzunge, 100 m vom Zentrum. Die hübsch eingerichteten Zimmer liegen an einem palmenbestandenen Patio und haben fast alle eine eigene Terrasse. Drei Restaurants, Pool, Spa, Fitnessraum. *46 Zi. | Santa Maria | Tel. 2 42 14 14 | www. odjodagua-hotel.com | €€€*

### PAZ E BEM

Gepflegtes Gästehaus mit 16 einfachen Zimmern, das von italienischen Franziskanerschwestern geführt wird. *Espargos | Rua Jorge Barbosa, bei der Nazarenerkirche | Tel. 2 41 17 82 | €*

### PORTA DO VENTO

Nach Feng-Shui-Regeln eingerichtete Räume, in denen eine familiäre, wohnliche und weltoffene Atmosphäre herrscht. *15 Zi. | Santa Maria | am Ortsrand | Tel. 2 42 21 21 | www.portadovento.com | €€*

### AUSKUNFT

Infokiosk in *Santa Maria* an der *Praça Marcelo Leitão (Mo–Sa 10–17 Uhr).* Infoblätter, Stadtplan, Telefonkarten, internationale Telefonate.

# BOAVISTA

**(139 D–F 2–5) (*R–S 8–10*) Boavista bedeutet sowohl „schöner Anblick" als auch „schöne Aussicht". Und die schöne Aussicht auf einen Wassersport- und Strandurlaub, der keine Wünsche offenlässt, ist es, die Urlaubsgäste nach Boavista zieht: Die Insel bietet ideale Bedingungen zum Surfen und Tauchen.**

55 km Strand nennt die drittgrößte Insel der Kapverden (620 km$^2$) ihr Eigen. Weiße Dünen aus feinpudrigem Sand, steinige, rotbraune Mondlandschaften und versteckte Palmenoasen sind die Zugaben. Boavista sei die Sahara der Kapverden, heißt es. Der Wind trägt staubfeinen Saharasand hierher, den er als riesige Wanderdünen quer über die Insel treibt. Zum Schutz vor dem Flugsand wurden 1915/16 sogar Mauern gezogen, doch das half wenig: Die Hauptstadt Sal Rei war nur einige Jahre später wieder von meterhohen Sandverwehungen bedroht. Da wundert es nicht, dass Boavista mit seinen extremen Umwelt- und Klimabedingungen einst die wenigsten Einwohner aller Inseln hatte. Heute leben hier

11 000 Menschen, rund zwei Drittel davon in der Hauptstadt. Deren Name Sal Rei (königliches Salz) erklärt, weshalb die Siedlung im 17. Jh. auf der kargen Insel gegründet wurde: Salz von allerbester Qualität. Der Handel damit bedeutete Reichtum und Wohlstand. Für einige

Baixo einige Kilometer in nordöstliche Richtung. Vor einer Bergkette wellen sich weiße, feinsandige Berge und Täler, so weit das Auge reicht. Wüstenfeeling pur: Spuren verwehen im stetig blasenden Wind, und mancher sieht sogar etwas, was gar nicht da ist: eine Fata Morgana!

Auch ein neuer Bootsanstrich gehört zu den Aufgaben eines kapverdischen Fischers

Jahre wurde Boavista zur wichtigsten Insel des Archipels. Doch Plünderungen durch Piraten, Dürre- und Hungerkatastrophen sowie der Niedergang des Salzhandels warfen die Insel zurück in die Bedeutungslosigkeit. Eine goldene Zukunft verheißt der Tourismus. Neben Sal ist Boavista die zweite Insel, die Urlauber mit All-inclusive-Angeboten in Hotels mit mehreren Tausend Betten locken will.

## SEHENSWERTES

### DESERTO DE VIANA ⭐
(139 E3) *(M R9)*
Die einzige größere Sandwüste auf Kap Verde erstreckt sich von Estancia de

### FÁBRICA DA CHAVE (139 D3) *(M R9)*
Die historische Ziegelei und ihre Nebengebäude sind schon fast vom Sand verschluckt. Doch noch finden Sie sie, wenn Sie von Sal Rei in südlicher Richtung, vorbei am Hotel Riu Karamboa, am Strand entlanglaufen. Ein weithin sichtbarer Schornstein zeigt Ihnen den Weg. Auf dem etwa einstündigen Fußweg durchqueren Sie Dünenfelder und eine Lagune, die unter Naturschutz stehen. Mit etwas Glück können Sie seltene Vögel beobachten.

### POVOAÇÃO VELHA (139 D4) *(M R10)*
Die älteste Siedlung Boavistas (400 Ew.) liegt im Süden. Povoação Velha ist ein

winziges Dorf, in dem großer Trubel herrscht, wenn das Ausflugsprogramm eine Touristengruppe hier vorbeiführt. Am kleinen Hauptplatz gibt es ein Café, und die adrette Kirche *Nossa Senhora da Conceição* von 1828 thront auf einer Anhöhe über dem Ort. Von Rabil aus in Richtung Praia de Santa Mónica sind es etwa 15 km bis Provoação Velha, die jedoch nur mit einem geländegängigen Fahrzeug zu bewältigen sind.

### RABIL (139 D3) (*♒ R9*)

Die alte Inselhauptstadt wirkt heute verschlafen. In dem 1200-Einwohner-Ort befindet sich die älteste Kirche auf Boavista, die *Igreja São Roque,* sowie eine *Töpfereischule (Escola de Olaria | Mo–Sa 9–16 Uhr)*. Dort wird die traditionelle Töpferkunst gepflegt und hübsches Tongeschirr in Handarbeit hergestellt. Besucher sind willkommen.

### SAL REI ★ (139 D3) (*♒ R9*)

Die Hauptstadt von Boavista ist der einzige größere Ort der Insel (8000 Ew.). Vom Flughafen aus führt die Avenida dos Emigrantes in die Stadt bis zum Ortszentrum, der *Praça Santa Isabel.* Man bemerkt zunächst nicht viel davon – auf der rechten Seite eine katholische Kirche, deren gelb-blaue Fassade von zwei mächtigen Ecktürmen eingerahmt wird, links einige zweistöckige Häuser aus der Kolonialzeit sowie die neue Markthalle. Hier schägt das Herz der Stadt, und besonders laut ist es am Abend zu vernehmen ... Lebendig geht es auch im *Fischerviertel* zu. Winzige Häuschen reihen sich in der *Avenida dos Pescadores* aneinander – gelb, rosa, türkis, grün. Die Türen stehen offen, und im Schatten auf dem Bürgersteig sitzen die Bewohner, Hunde dösen, Kinder zanken. Das Leben scheint vom Fremdenverkehr noch weitgehend unberührt. Am Strand kauern Frauen im Schatten der Akazien und nehmen Fische aus, neben bunten Booten spielen Kinder im Sand. Der kapverdische Fischerei- und der internationale Tourismusbetrieb werden durch den alten Hafenpier getrennt. Die einst recht beschauliche Hotel- und Freizeitzone *Praia de Estoril* wächst von hier aus rasant südwärts. Auch in der Ortschaft selbst entstehen viele neue Gebäude.

## SCHILDKRÖTEN IN GEFAHR

Seit rund 225 Mio. Jahren bevölkern Meeresschildkröten (Caretta caretta) unseren Planeten. Sie überstanden Eiszeiten und Kontinentalverschiebungen, erlebten, wie sich Säugetiere entwickelten – und zuletzt der Mensch. Heute sind die lebenden Fossilien vom Aussterben bedroht. Immer wird mit Schildkrötenfleisch, Schildpatt und Schildkröteneiern gehandelt, obwohl es streng verboten ist. Zunehmend fordern auch Umweltverschmutzung sowie die Zerstörung und Besiedlung von Niststränden ihren Preis, und eine Vielzahl von Tieren landet in Schleppnetzen. Auch Sie können helfen, diese faszinierenden Geschöpfe zu schützen: Kaufen Sie keine Souvenirs aus Schildpatt, beachten Sie die Schutzmaßnahmen für Niststrände, und äußern Sie Ihren Unmut, falls Ihnen Schildkrötenprodukte angeboten werden. Weitere Infos auf *www.sostartarugas.org* und *www.turtle-foundation.org.*

### WRACK DER CABO DE SANTA MARIA
(139 E2) (⤢ R8)

An der Costa de Boa Esperança, 8 km nordwestlich von Sal Rei, liegt das rostige Wrack des spanischen Frachters Cabo de Santa Maria. Das skurrile Gerippe nahe am Strand ist ein faszinierendes Fotomotiv. Leider kam es dort in der Ver-

gesgericht! Der Inhaber spricht Deutsch. *Mo–Sa | Sal Rei | Av. Amílcar Cabral | Tel. 2 51 13 40 | €*

### BLU MARLIN
Winziges Restaurant, das mit seiner italienisch-kreolischen Küche alle anderen in den Schatten stellt. Unbedingt reservieren,

Seit fast 50 Jahren liegt das Wrack der Cabo de Santa Maria vor der Nordküste Boavistas

gangenheit immer wieder zu Überfällen, deshalb sollten Sie dem Wrack keinesfalls allein einen Besuch abstatten! Es ist von der Praia da Chave aus nur mit Allradfahrzeug über eine schwierige, unbefestigte Piste nach Norden zu erreichen. Nehmen Sie am besten die Dienste eines ortskundigen Fahrers in Anspruch.

### BAR BIA
Unscheinbar, aber beachtenswert und spezialisiert auf Grillgerichte (am besten vorbestellen). Fragen Sie nach dem Ta-

es gibt nur vier Tische! Auch Frühstück, Sandwiches, Toast, Kuchen. *Mo–Sa | Sal Rei | Praça Santa Isabel, zwei Häuser neben der Markthalle | Tel. 2 51 10 99 | €*

### CABO CAFÉ & RESTAURANT ◔
Möbel aus Paletten, Recyclinglampen und eine sympathische Philosophie der Wiederverwertung und Wertschätzung verschiedenster Dinge, dargeboten auf der gemütlichen Dachterrasse. Dazu leckere kapverdisch-italienische Küche aus frischen Zutaten. Gutes Preis-Leistungs-Verhältnis. *Fr–Mi | Sal Rei | Rua dos Emigrantes | Tel. 9 72 66 23 | €*

### CHANDINHO

Feinschmeckerlokal für frischen Fisch und Meeresfrüchte in angenehmem Ambiente mit vertretbaren Preisen. Spezialität des Hauses: Fischfilets oder Rind- und Schweinefleisch vom heißen Stein. *Mo–Sa | Sal Rei | Rua da Cruz | Tel. 9 9103 60 | €€*

**INSIDER TIPP** ► CAFÉ KANTA MORNA

Im Café des Hotels Migrante Lodge ist das stilvolle Ambiente eine Wohltat für die Seele. Für den Magen gibt es feinen italienischen Kaffee und oft auch hausgebackenen Kuchen! *Tgl. | Sal Rei | Av. Amílcar Cabral | Tel. 2 5111 43 | €*

### NAIDA

Donna Naida ist stadtbekannt, ihr gutes Essen auch. Deshalb sollten Sie abends reservieren. *Tgl. | Sal Rei | Praça Santa Isabel | Tel. 2 5111 73 | €€*

### SODADE DI NHA TERRA

Alteingesessenes, etwas versteckt liegendes Restaurant mit ausgezeichneter kapverdischer Küche. Kein Wunder: Sr. Amando hat als Chefkoch in der Schweiz gearbeitet. Täglich wechselnder Mittagstisch. *Tgl. | Rabil | Av. Almeida Marques | Tel. 2 5110 48 | €*

## EINKAUFEN

Rund um die *Praça Santa Isabel* in *Sal Rei* wird Kunsthandwerk aus Afrika in mehreren kleinen Souvenirshops angeboten, ebenso im Obergeschoss der Markthalle.

### LOJA KA TEM

Souvenirs, zu 100 Prozent made in Cabo Verde, z. B. *grogue* und *pontche,* Kräuter und Gewürze, Kaffee und Marmeladen, Bilder und Postkarten, Schmuck u. v. m. *Sal Rei | Riba d'Olte | hinter der Nazarenerkirche | Tel. 9 79 30 90*

## FREIZEIT & SPORT

Die *Praia de Estoril* ist der angesagte Ort in Sachen Wassersport für alle Könnerstufen. Dort befinden sich Surf- und Tauchstationen, z. B. *Boavista Diving, Paradise Kite School (www.paradisekite school.com), Buccaneers Beach (www. buccaneersbeach.fr), Boavista Wind Club (www.boavistawindclub.com).* Geübte Surfer und Profis finden im Süden, Norden und vor allem im Osten ihr Eldorado: *Praia de Cabral* (139 D3) *(ᗰ R9)*, *Praia da Antónia* (139 E2) *(ᗰ R–S8)* und *Praia das Gatas* (139 F3) *(ᗰ S9)*. Anfänger sollten sich auf die durch die vorgelagerte Insel geschützte *Bucht von Sal Rei* beschränken.

Insider-Einblicke in den Alltag ermöglicht *Baobab Tours (Rabil | Tel. 2 5111 11 | www. mybaobabtour.com).* Franca (deutschsprachig) bietet leichtes Trekking, Ausflüge mit dem Pick-up etc. und organisiert all das, was einen **INSIDER TIPP** ► privaten Anlass unvergesslich werden lässt. Auch mit *Cabo Kai Tours (Sal Rei | Tel. 97 9 30 90 | www.cabokaitours.com)* können Sie auf deutschsprachige Entdeckungsreise gehen, z.B. auf eine Inselrundfahrt oder einen Reitausflug, sowie Schildkröten oder **INSIDER TIPP** ► Wale beobachten. Die internationale *Turtle Foundation (Sal Rei | Tel. 2 5114 38)* betreibt auf der Insel ein Schildkrötenbeobachtungscamp und nimmt Interessierte auf ihre Strandpatrouillen mit.

Am Ortseingang von Sal Rei finden Sie den Fahrrad- und Scooterverleih *Let's go (Rua dos Emigrantes | Tel. 9 77 30 00),* wo Sie Bikes halbtages- oder tagesweise mieten können.

## STRÄNDE

Boavista hat die längsten und schönsten Strände der Kapverden. Der feine, weiße

Saharasand und das türkisfarbene, glasklare Wasser sind unvergleichlich, der stetige Nordostpassat perfekt für Surfer. Wasserflasche, Sonnencreme und Kopfbedeckung sind ein Muss!

### PRAIA DA CHAVE (139 D3) (*R9*)

Ein kilometerlanger Strand mit hohen Sanddünen. Doch der Märchenstrand ist kein Geheimtipp mehr: Das All-inclusive-Hotel RIU Karamboa und andere Hotels beherbergen mehrere Tausend Feriengäste.

### PRAIA DO CURRALINHO
(139 D4) (*R10*)

Die Verlängerung der Praia de Santa Mónica. Oft zu windig zum Baden, aber ideal für eine Strandwanderung.

### PRAIA DE ESTORIL (139 D3) (*R9*)

Von Sal Rei aus zieht sich die Praia de Estoril etwa 10 km in Richtung Süden. Wegen der optimalen Wassersportmöglichkeiten gut frequentiert. Neben Surf- und Tauchstationen gibt es auch Sonnenschirme, Strandliegen, Restaurants und Cafés. Die vorgelagerte Ilha de Sal Rei schützt die Bucht vor Wind und Wellen.

### PRAIA DE SANTA MÓNICA ★
(139 D4) (*R10*)

Endlos scheint sich der pudrige weiße Sandstrand hinzuziehen – 18 km sind es tatsächlich. Nur mit Allradfahrzeug zu erreichen – am besten mit Fahrer oder mit einem der vielen Anbieter, die diesen Ausflug für Individualtouristen und Gruppen anbieten.

### PRAIA VARANDINHA (139 D4) (*R9*)

Die Wüste reicht bis ans Meer, bizarr geformte Felsen bilden eine beeindruckende Kulisse. Eine Grotte spendet Schatten. Sehr windig, aber toll zum Spazierengehen. Am westlichsten Punkt Boavistas,

der Ponta Varandinha, steht ein Leuchtturm oben auf dem Kalkfelsplateau.

## AM ABEND

In vielen Bars und Restaurants im Ortszentrum von *Sal Rei* gibt es regelmäßig Livemusik. Am Wochenende wird mit Musik und Tanz auf der *Praça Santa Isabel* gefeiert.

### BOAVISTA SOCIAL CLUB

Mit einem Drink in der Hand am Strand sitzen und die Sterne zählen … oder an der Bar ein wenig plaudern, Musik hören und Leute gucken … oder neue Bekanntschaften schließen … oder freitags in der Disko tanzen … *Tgl. | Praia de Estoril*

### ESPLANADA MUNICIPAL SILVES

Hier spielt die Musik! Und zwar freitagabends und oft auch am Sonntag. Bier vom Fass, Snacks und günstige Hauptgerichte. *Tgl. | Sal Rei | Praça Santa Isabel*

### MORABEZA

Angesagtes Strandlokal, bei Urlaubern und Einheimischen gleichermaßen beliebt. Unter dem ausladenden Schilfdach stehen Tische mitten im Sand, mehrmals in der Woche Musikabende: Reggae-Night, Caboverdean Night, Sunset-Party etc. WLAN gratis. *Tgl. | Praia de Estoril*

## ÜBERNACHTEN

 **INSIDER TIPP** **LA BOAVENTURA**

Gästehaus mit Backpacker-Atmosphäre und Zimmern unterschiedlicher Preisklasse. Das Café-Restaurant (senegalesische und kapverdische Gerichte) ist mit Sofas und Sesseln gemütlich eingerichtet, Bücher und Zeitschriften liegen auf dem Tisch und Spiele bereit. Im Innenhof werden morgens das Frühstück und abends manchmal künstlerische Aktivitäten geboten. Besonders günstig schläft man in den Mehrbettzimmern für jeweils drei Gäste. *9 Zi. | Sal Rei | Farinhação | Tel. 9 50 9167 | €*

### HOTEL BOAVISTA

Modernes Haus am Ortseingang, in dem man auch Deutsch spricht. *34 Zi. | Sal Rei | Av. 4 de Julho | Tel. 2 511 45 | hotel boavista@cvtelecom.cv | €€*

### HOTEL DUNAS

Sehr gepflegtes Hotel unter spanischer Leitung im Ortszentrum. Mit wunderschöner Terrasse und Privatstrand. *17 Zi. | Sal Rei | Av. Amílcar Cabral | Tel. 2 511 25 | dunas.boavista@gmail.com | €€€*

### ESTORIL BEACH RESORT

22 geräumige Zimmer und 23 Apartments gehören zu der modernen Hotelanlage mit maurischem Ambiente, die nur einen Katzensprung vom Meer entfernt liegt. *Praia de Estoril | Tel. 2 511 0 78 | www.estorilbeachresort.com | €€*

### HOTEL MIGRANTE LODGE

Klein, aber ganz besonders fein: vier individuell eingerichtete Zimmer in wunderschön restauriertem, zentral gelegenem Haus aus der Kolonialzeit mit lauschigem Patio. *Sal Rei | Av. Amílcar Cabral | Tel. 2 511 43 | www.migrante-guesthouse.com | €€€*

### APARTHOTEL CA' NICOLA

Großzügig geschnittene und gut ausgestattete Apartments mit jeweils eigener Terrasse rund um einen hübschen Hof, wo sich das Gemeinschaftsleben abspielt – Frühstück, Barbetrieb, Rezeption, Bücherschrank. Für Familien ideal. Unter italienischer Leitung, direkt am Strand. *Sal Rei | Tel. 2 511 7 93 | www.canicola.com | €€€*

### INSIDER TIPP ▶ ORQUIDEA

Ein Ort zum Wohlfühlen: zehn Zimmer mit geschmackvollen Holzmöbeln, manche mit Balkon inklusive Hängematte, rund um einen wunderschön bewachse-

Wer Ruhe sucht, kommt bei einem Spaziergang an der Praia Varandinha auf seine Kosten

Nur ein paar Schritte sind es von der Pension Santa Isabel zur gleichnamigen Kirche

nen, schattigen Patio. Leuchtend bunte Papageien und mehrere freundliche Hunde gehören auch zur Familie. Nah am Strand gelegen. *Sal Rei | Tel. 2 5110 41 | www.guesthouseorquidea.com | €€*

### SANTA ISABEL
Mitten im Zentrum liegt diese kleine Pension unter freundlicher kapverdischer Leitung. Sehr gutes Preis-Leistungs-Verhältnis, sauber. Sr. Silva, der Inhaber, spricht Deutsch. *9 Zi. | Sal Rei | Praça Santa Isabel | Tel. 2 511 2 52 | €*

### SPINGUERA ECOLODGE 🌿
Ein einsam gelegener Weiler wurde vom italienischen Besitzer Nicola und seiner Tochter in eine traumhafte Oase der Ruhe verwandelt: kein Telefon, kein Internet, und Fernsehen, Klimaanlage und Handy sind ebenso tabu. Das Restaurant *Ca Cabra (€€€)* serviert hervorragende kapverdisch-italienische Küche aus frischen, lokalen Produkten. *14 Wohneinheiten | Espingueira | Tel. 2 511 9 41 | www.spinguera.com | €€€*

### ZIEL IN DER UMGEBUNG

**ILHA DE SAL REI** 🌿 (139 D3) (*R9*)
Die kleine Insel vor Sal Rei hatte eine wichtige strategische Bedeutung: 1818 baute man dort das *Fort Duque do Bragança,* um sich gegen Piraten zur Wehr zu setzen. Die Überreste der Verteidigungsanlage mit alten Kanonen sind noch zu sehen. Fragen Sie einen der Fischer am Strand, ob er Sie mit seinem Boot übersetzt. Der Blick zurück nach Sal Rei ist grandios.

# MAIO

(141 E–F 1–3) (*P–Q 14–16*) **Auf Maio regiert die Stille. Einsam ist es hier, die Natur unberührt. Die kleinste der Wüsteninseln ist sowohl ein Refugium für bedrohte Tierarten wie Fischadler und Meeresschildkröte als auch für stressgeplagte Urlauber.**
Ruhe und Entspannung sind die Schätze, die Maio bieten kann. Dass das kleine

Maio in der Vergangenheit bezüglich Entwicklung und Fortschritt mit den Schwesterinseln nicht mithalten konnte, erweist sich heute als Trumpf.

Während es auf Sal und Boavista schon darum geht, wie man mit Tourismus am besten Geld verdienen kann, ticken auf Maio die Uhren noch anders. Zeit und Stille sind zwei der wenigen kostbaren Dinge, an denen es nicht mangelt. Der materielle Reichtum, den Maio besaß – Salz –, wurde im 18. und 19. Jh. von portugiesischen und englischen Händlern abgeschöpft. Ein wenig Wohlstand streifte die Insel, brachte ein paar Kolonialhäuser, eine katholische Kirche und eine Festung. Doch gleichzeitig wurde auch das feudale gesellschaftliche Gefüge gefestigt: Noch Jahrzehnte, nachdem die Sklaverei auf den anderen Inseln abgeschafft war, mussten sich auf Maio Hunderte von Sklaven der Willkür ihrer weißen Herren beugen. Armut und Verzweiflung prägten die Insel. Zahlreiche Bewohner starben bei wiederkehrenden Dürre- und Hungersnöten, andere flohen in die Emigration.

Heute leben wieder 7000 Menschen auf Maio, davon die Mehrzahl in der Inselhauptstadt Porto Inglês an der Südwestküste. Die restlichen Bewohner verteilen sich auf kleine Dörfchen nahe der Ringstraße, die sich um die Insel zieht. Ganz anders als auf den beiden anderen Wüsteninseln gibt es auf Maio viele Bäume. Im Norden und Westen entstanden durch Aufforstung sogar ausgedehnte Akazienwälder, und in Küstennähe sind Haine aus Kokospalmen zu finden. Trotzdem bilden spärlich bewachsenes Steppenland und ausgedörrte Salzwiesen den Hauptteil der 269 km² großen Insel. In der Inselmitte und im Südosten erheben sich wellige Hügel aus verwitterten Vulkanschloten und Kalksteinfelsen mit dem Gipfel Monte Penoso (436 m).

## SEHENSWERTES

### AKAZIENWÄLDER

Keine andere Insel der Kapverden besitzt so ausgedehnte Waldgebiete. Dank Wiederaufforstungsprojekten entstanden zwei Akazienwälder, die inzwischen auf 3500 ha angewachsen sind. Sie ziehen sich von der Straße zwischen Morro und Calheta in Richtung Osten (141 E3) (*P15*) und zwischen Cascabulho und Pedro Vaz nach Norden (141 F2) (*P–Q15*).

### CALHETA (141 E3) (*P15*)

Calheta ist der zweitgrößte Ort (1200 Ew.) der Insel. Die kleine *Kirche* am Hauptplatz hat eine ausladende weiß-gelbe Fassade, die Seitenkapelle ist von außen zu betreten. Einstöckige Häuschen in allen Pastellfarben säumen die Hauptstraße *Rua São José* und die schnurgeraden, ungepflasterten Seitenstraßen. Von Morro aus etwa 3 km, von Vila do Maio 8 km in nördliche Richtung.

### CIDADE DE PORTO INGLÊS
### (141 E3) (*P16*)

Die Hauptstadt der Insel (3000 Ew.) erhielt 2014 fast wieder ihren ursprünglichen Namen: Aus Vila do Maio wurde Cidade de Porto Inglês, der „englische Hafen". Hier wurde im 18. Jh. das Salz aus den Salinen von englischen Händlern auf Schiffe verladen. Die Stadt liegt auf einem Hochplateau; im Ortszentrum thront die weiße Kirche *Nossa Senhora da Luz* oberhalb einer breiten Treppe. Ihre beiden Seitentürme umrahmen die mit barocken Elementen dekorierte Giebelfront. Am Kirchplatz befinden sich ein Hotel sowie einige Cafés und Geschäfte. Wenig entfernt steht ein Kolonialhaus aus der Blütezeit der Stadt: die *Casa Cardoso*. Der reichste Salzhändler der Insel ließ sie zu Beginn des 20. Jhs. bauen.

Ober- und unterhalb der Kirche beleben in bunten Pastellfarben gestrichene Häuschen die rasterartig angelegten Pflasterstraßen. Unten am Meer liegt die kopfsteingepflasterte *Avenida Amíl-*

für (Hobby-)Archäologen: Hier tritt das älteste Gestein des Archipels zutage. Im Nordosten ist der *Monte Batalha* (294 m) zu sehen. Etwa 5 km von Vila do Maio nach Norden.

Das Zentrum von Cidade de Porto Inglês erhebt sich über dem Meer

*car Cabral* mit einigen Restaurants und *mini mercados,* Banken sowie der Krankenstation. Oberhalb des weiten Sandstrands sitzen ein paar Müßiggänger auf der Mauer, im hellen Sand des Strands liegen bunte Fischerboote, daneben flicken die Fischer ihre Netze. Das kleine *Fortaleza (stets geöffnet | Eintritt frei)* aus dem 18. Jh. am Südende der Stadt ist noch heute mit Kanonen bestückt, seine blau bemalten Wandfliesen erzählen die Geschichte der Stadt.

### MORRO (141 E3) (*M P15*)

Das Dörfchen Morro (300 Ew.) liegt beidseits der Ringstraße inmitten von Kokospalmen. Die hier ansässige Handwerkskooperative stellt sehr hübsche traditionelle Töpferwaren her. Ein kurzer Weg führt zu einem hellen Sandstrand. Das Tal *Ribeira do Morro* ist spannend

### RIBEIRA DOM JOÃO

(141 F3) (*M Q15–16*)

Das Tal Ribeira Dom João zieht sich von der Hochebene als grüne Oase bis hinunter zum Meer. Ein Palmenhain am Ortsrand des gleichnamigen Dorfs (200 Ew.) erstreckt sich bis fast zur Flussmündung, die in einen schönen Strand mit hellem, feinem Sand übergeht. Von Vila do Maio in Richtung Osten etwa 12 km (Straßenabzweig in Figueira Seca).

### SALINEN (141 E3) (*M P15–16*)

Die Salinen ziehen sich von Vila do Maio etwa 5 km in Richtung Norden. Im Milieu der rosig glitzernden Salzpfannen und weißen Salzberge haben sich an das salzige Milieu angepasste Pflanzen angesiedelt. Sie bieten einheimischen und Zugvögeln einen geeigneten Futter- oder Ruheplatz.

## ESSEN & TRINKEN

Alle Restaurants befinden sich in Cidade de Porto Inglês.

### ANA RITA

Gutes Essen und freundlicher Service in traditionellem Lokal mit winziger Terrasse. Günstige Tagesgerichte. Besonders lecker: Fisch und Hühnchen vom Grill. *Tgl. | hinter der Kirche | Tel. 9 94 85 61 | €*

### ESPLANADA NATALIA

Donna Natalia bietet bodenständige kapverdische Küche: frischen Fisch, deftige Eintöpfe, eine *cachupa,* Omelettes oder Toast. Containercafé mit schattiger Terrasse. *Mo–Sa | hinter der Kirche | Tel. 9 74 51 94 | €*

### INSIDER TIPP ► BAR TIBAU

Tibau Tavares ist einer der bekanntesten Musiker Kapverdes. Wenn er nicht gerade auf Tournee ist, betreibt er seine kleine *mercearia* und ein Café: zwei Tische und Stühle auf dem Bürgersteig. Hier treffen Sie auf Einheimische, die bei einem Schnäpschen über Musik und den Alltag plaudern. *Tgl. | Av. Amílcar Cabral, gegenüber Tutti Frutti | Tel. 2 55 16 60 | €*

### TROPICAL

Im offenen Glashaus am Strand können Sie sich mit leckeren Snacks, Hauptgerichten und Kuchen stärken. Auch die frischen Fruchtcocktails oder zur Happy Hour ein Caipirinha sind sehr zu empfehlen! Ein weiterer Clou: die Tauschbibliothek mit englischen und deutschen Büchern! *Di–So | Tel. 5 97 72 68 | €*

## EINKAUFEN

### DJARMAI SHOP

Souvenirladen mit vielen einheimischen und einigen afrikanischen Waren. Postkarten, Schmuck, Kleider u. v. m. *Hinter der Kirche*

### LOJA DE ARTESANATO

Hier werden die Produkte eines runden Dutzends Kunsthandwerker der Insel verkauft: Bilder, Skulpturen, Taschen, Schmuck ... Lokale Produkte wie Ziegenkäse, Kräuter und Marmeladen erweitern das Sortiment. *Gegenüber Fortaleza*

## FREIZEIT & SPORT

Bewegungshungrige können kilometerweit an den weißen Sandstränden wandern und den Blick genießen. Lohnenswerte Ziele im Inselinneren und mit etwas Höhenunterschied sind der ☆ *Monte Batalha* (294 m) und der ☆ *Monte Penoso* (431 m). Alle Ziele außerhalb von Porto Inglês sind durch die schlechte Anbindung außer mit einem Mietwagen schwer zu erreichen.

### FUNDAÇAO MAIO BIOVERSIDADE ⊕

Die Naturschutzstiftung widmet sich dem Erhalt der intakten Natur auf Maio sowie der Schaffung einer nachhaltigen Lebensgrundlage. Neben Informationen (auch auf Deutsch) werden Ausflüge geboten, von Schildkröten- und Vogelbeobachtungen bis zur Geschichte der Salzgewinnung. *Porto Inglês | Tel. 3 55 62 42, 9 95 90 61 | www.fmb-maio.org*

### INSIDER TIPP ► MASSAGE RELAX

Eine Gruppe vorwiegend italienischer, weiß gewandeter Lebenskünstler bietet verschiedene Massagen: Relaxing, Sporting, Chinese Massage etc. Die Verständigung ist nicht ganz einfach, aber es lohnt sich. Die entspannende Wohltat wird mit einer Spende vergolten (sollte Ihnen aber mindestens 20 Euro wert sein). *Tgl. | Porto Inglês | Fontana | Tel. 9 79 55 88 und 9 58 37 16*

### SUNFISH SCUBA DIVING ACADEMY

Tauchgänge vom Auffrischungstraining bis zur Tauchsafari sowie Tauchkurse. Begleitete Schnorcheltrips, Vermietung von Angel- und Schnorchelausrüstung und Inselausflüge. *Tel. 9 54 95 62 | www. capeverdediving.com*

## STRÄNDE

Schöne Strände gibt es rund um die Insel. Zum Schwimmen geeignet sind die Strände der Westküste – von Vila do Maio bis nach Calheta erstreckt sich feinsandiger Badestrand Kilometer an Kilometer. Die Strände im Norden sind wegen tückischer Strömungen zum Baden zu gefährlich. Im Sommer legen hier die Meeresschildkröten ihre Eier ab. In dieser Zeit sollten Sie die Strände nicht betreten. Auch im Osten und Süden liegen paradiesische Strände, die allerdings schwieriger zu erreichen sind. Trinkwasser, Verpflegung und Schattenspender müssen Sie mitbringen!

### PRAIA GONÇALO (141 F2) (*ᗡ Q15*)

Einsamer, feiner weißer Sandstrand an der Ostküste mit dunklen Lavasteinen. Reste von Meeresschneckenhäusern zeugen von den Fischern, die hier danach tauchen, sie anschließend zerschlagen und das Innere *(búzio)* verkaufen. Landeinwärts liegt ein Palmenhain.

### PRAIA DE MORRO (141 E3) (*ᗡ P15*)

Herrlich weißer Sandstrand. Zum Baden wegen gefährlicher Strömungen nicht zu empfehlen, aber schön zum Spazierengehen. Eine ausgediente Ferienanlage stört das Idyll allerdings ein wenig.

### PRAIA DE PAU SECO (141 E2) (*ᗡ P15*)

Der Felsenstrand an der Westküste ist gut zum Schnorcheln geeignet. Von Calheta zu Fuß am Strand entlang.

### PRAIA DO PORTO INGLÊS

(141 E3) (*ᗡ P16*)

Am feinen weißen Sand sorgen zwei Strandbars für Schatten und kühle Getränke und einige bunte Fischerboote für Postkartenidylle.

### PONTA PRETA (141 E3) (*ᗡ P16*)

Die südlich von Vila do Maio gelegene Hochebene wurde leider von unkontrollierter Bauwut entstellt. Ein traumhafter gelber Sandstrand mit kleinen Höhlen in den bunten Felsen zieht sich 6 km lang nach Osten. Nicht immer zum Schwimmen geeignet.

### PRAIA DE SANTANA ⭐

(141 E2) (*ᗡ P15*)

Etwas versteckter Strand mit bis zu 25 m hohen Dünen nordwestlich von Morrinho. Trotz starken Winds gut zum Baden geeignet. Spaziergänger finden hier bizarr geformte Steinfindlinge und Sandrosen.

## AM ABEND

### KABANA BAR

Mittendrin sein, sich mit Händen und Füßen mit den Einheimischen verständigen oder andere Urlauber treffen: Der Holzpavillon am Stadtstrand von Porto Inglês eignet sich dafür ausgezeichnet. *Tgl.*

### KULOR CAFÉ

Auf der Karte stehen nur einige wenige Gerichte, aber die sind hervorragend – ebenso wie die selbst gemachten *pontches. Mo–Fr | Porto Inglês | Straße nach Ponta Preta*

## ÜBERNACHTEN

### BIG GAME MAIO

Gepflegtes, modernes Hotel mit Restaurant, unter Leitung einer italienischen

Familie. Einige Zimmer mit Balkon und Meerblick. Schmackhafte italienische Küche, viel Fisch und Meeresfrüchte, gutes Preis-Leistungs-Verhältnis. Lassen Sie sich die Speisekarte in der deutschen Variante geben! *10 Zi. | Porto Inglês | Av. Amílcar Cabral | Tel. 9 71 05 93 | €€*

### CASITA VERDE

Die deutsche Künstlerin Elisabeth Herdtweck richtete das Gästehaus mit zwei Zimmern, zehn Minuten von Strand und Ortszentrum, liebevoll ein. Zum Relaxen eignet sich der schattige Garten bestens, und die Insel entdecken Sie bei der **INSIDER TIPP** geführten Rundfahrt. *Porto Inglês | Fontana | Tel. 2 55 20 66, 9 96 06 33 | www.casita-verde.de | €*

### RESIDENCIAL INES ☀

Günstig in den eigenen vier Wänden wohnen – in einem gut ausgestatteten Studio mit Küchenzeile oder im großzügigeren Apartment mit Extra-Schlafzimmer. Mit Land- oder Meerblick. *20 Ap. | Porto Inglês | Fontana | Tel. 9 93 70 22 | €€*

### JARDIM DO MAIO

Gut geführte Pension mit Blick auf den Hafen. Zimmer mit Bad. Gegen die Hitze hilft ein Ventilator. Zwei ☀ Dachterrassen mit Meerblick. *3 Zi. | Porto Inglês | Av. Amílcar Cabral | Tel. 2 55 11 99 | €*

### PORTO INGLÊS

Moderne, gut ausgestattete Pension nahe dem Gesundheitszentrum. *7 Zi. | Porto Inglês | Rua di Povo | Tel. 2 55 16 98 | rpingles@cvtelecom.cv | €*

### APARTMENTS ROSA DO MAIO

Pension in Strandnähe mit vier Zimmern und drei Apartments mit Küche und Bad. *Porto Inglês | Fontana | Tel. 2 55 11 99 | €*

### STELLA MARIS

Geschlossene Ferienanlage mit verschieden großen Apartments und Villen. Ein Highlight ist der **INSIDER TIPP** Salzwasserpool über dem Meer. Eigener Strandabschnitt, Frühstücksservice auf Wunsch. *14 Ap., 4 Villen | Ponta Preta | Tel. 9 83 46 71 | €€*

An den feinsandigen Stränden von Maios Nordküste legen die Schildkröten ihre Eier ab

# SÜDINSELN

**Gelb, Grün, Rosa, Türkis, Blau: Pastellfarbene Häuser leuchten in allen Schattierungen. Die bunte Kolonialarchitektur ist ein beredter Zeuge der kapverdischen Historie.**

Und dieser begegnet man auf den Südinseln Santiago, Fogo und Brava überall, bei den Bauwerken, im Bewusstsein der Menschen, in ihrer Musik. Auf den Südinseln begann die Geschichte der Kapverden. Ab 1461 lebten auf Santiago die ersten Siedler. Als portugiesische Kolonie machte die Insel bald dank des wachsenden Sklavenhandels eine traurige Karriere. Die Kinder europäischer Einwanderer und afrikanischer Sklaven waren die ersten Vertreter des kreolischen Volks.

Ab 1500 wurde Fogo besiedelt. Eine drastische Klassentrennung sollte die schwä-

chelnde Feudalherrschaft der Europäer, die auf Santiago gescheitert war, wenigstens dort erhalten. Dies gelang für 250 Jahre. Brava wurde ab dem 18. Jh. als Ferienprovinz genutzt – ein abgeschiedener Elfenbeinturm abseits von mörderischer Hitze und grassierenden Epidemien.

Landschaftlich sind die drei Inseln sehr unterschiedlich. In jeder Hinsicht herausragend ist die Vulkaninsel Fogo mit dem zweithöchsten Vulkan im Atlantik. Sie ist die heißeste der Kapverdischen Inseln. Brava und Santiago sind mittelhohe Gebirgsinseln, auf denen Landwirtschaft betrieben wird. Auf den Berghängen und in grünen Tälern wachsen vor allem Mais, Bohnen, Früchte und Zuckerrohr. Die zunehmende Trockenheit trifft diese Inseln besonders hart.

Auf den Südinseln tritt die Geschichte des Archipels ganz deutlich zutage: Auf Santiago entdecken Sie die Wurzeln des kreolischen Volks, auf Fogo die geologische Entstehung der Inseln und auf Brava den ursprünglichen Lebensstil, der sich seit Jahrhunderten kaum geändert hat.

# SANTIAGO

(140 A–C 2–5) (📖 M–O 14–17) **Santiago ist die Hauptinsel der Kapverden und mit 991 km² die größte. Sie hat die meisten Einwohner und ist in landwirtschaftlicher, volkswirtschaftlicher und historischer Hinsicht die wichtigste.**
Nirgendwo auf den Kapverden gibt es mehr Häuser, mehr Autos, mehr Ärzte, mehr Geld, mehr Kriminalität. Santiago ist die Insel der Superlative.
Zwei mächtige Höhenzüge gestalten die Topografie: der Naturpark ☀ *Pico d'Antónia* mit dem gleichnamigen höchsten Berg der Insel (1394 m) und die Serra Malagueta (1064 m). Dazwischen erstre-

cken sich landwirtschaftlich intensiv genutzte Hochebenen mit jäh abfallenden Abgründen. Mehr als die Hälfte aller Einwohner der Kapverden lebt hier – rund 270 000 –, denn zwei der drei größten Städte der Kapverden liegen auf Santiago. Dies sind die Hauptstadt Praia und das dynamische landwirtschaftliche Handelszentrum Assomada.

## SEHENSWERTES

### ASSOMADA (140 B4) (*M16*)

Wenn schon, denn schon: Besuchen Sie Assomada (12 000 Ew.) an einem Mittwoch oder Samstag, dann ist Markttag. Der Markt ist Motor und Herzstück der Stadt, ein volkstümlicher und volksnaher Handelsplatz, an dem Schweine und

Eines der ältesten Bauwerke der Kapverden: das Convento de São Francisco

Santiago ist die „afrikanischste" der Inseln. Hier sind die Kapverdier mit der dunkelsten Haut zu Hause. Ihre Kultur und Traditionen zeigen einen besonders großen afrikanischen Einfluss, denn diese Insel war immer am stärksten mit Afrika verbunden. Ihre Traditionen lehnen sich enger an afrikanische Wurzeln an, was sich besonders in der Musik und der Sprache zeigt. Sie nennen sich selbst *badios* im Gegensatz zu den *sampadjudos*, wie sie die Bewohner der anderen Inseln bezeichnen. In Liedern und Tänzen wie *batuco* und *funaná* bleibt ihre faszinierende Geschichte lebendig.

Hühner ebenso den Besitzer wechseln wie Kleidung, Körbe, Fisch oder Bananen. Wer möchte, kann sich hier auch die Haare zu Zöpfen flechten lassen. Am Hauptplatz *Praça Gustavo Monteiro* befinden sich die katholische Kirche und das Rathaus.

### CIDADE VELHA ★ (140 B5) (*N17*)

Hier nahm die Besiedlung des Archipels ihren Anfang. Sofort nach ihrer Entdeckung beanspruchte Portugal die Kapverdischen Inseln als Kolonie, innerhalb eines Jahres funktionierte der erste militärische Stützpunkt. Vier Jahre später landeten die ersten Siedler. Um die Niederlassung mit dem damaligen Namen Ribeira Grande (heutiger offizieller Name: Cidade da Ribeira Grande de Santiago) zu fördern, sprach der portugiesische König den Bewohnern 1466 das Recht der Sklavenhaltung zu. Nach den Vorstellungen des portugiesischen Königshauses sollte auf Cabo Verde ein feudalistisches Kolonialsystem entstehen mit einer dank Sklavenarbeit blühenden Landwirtschaft. Dieser Plan scheiterte aufgrund des notorischen Wassermangels und der klimatischen Verhältnisse, doch einen wirtschaftlichen Bankrott bedeutete dies keineswegs: Cidade Velha (1200 Ew.) wurde wegen der günstigen Lage zwischen Afrika, Europa und Amerika zum Drehkreuz des rapide wachsenden Sklavenhandels. Der Pranger auf dem Dorfplatz erinnert daran. Originalzeugnisse der Besiedlungsanfänge sind die Kirche *Nossa Senhora do Rosário,* die Ruinen des Klosters *Convento de São Francisco* und der katholischen Kathedrale *Sé Catedral* sowie die ❄️ Befesti-

gungsanlage *Fortaleza Real de São Filipe* hoch über dem Ort.

## PRAIA ⭐ (140 C5) (*N17*)
### 🏵️ KARTE IM HINTEREN UMSCHLAG

Die Hauptstadt der Kapverden liegt im Südosten Santiagos. Die 130 000-Einwohner-Stadt löste 1731 das 15 km entfernte Cidade Velha als Regierungssitz ab, denn sie besaß einen entscheidenden Vorteil: ein 40 m hohes Plateau, das gegen Piraten leicht zu verteidigen war. Von da an ging es mit der Stadt und

> **🏙️ WOHIN ZUERST?**
>
> Zum **Plateau!** Dort ist das Ortszentrum Praias, in dem alle interessanten Ziele der Hauptstadt nah beieinanderliegen: Die alten Kolonialhäuser, Rathaus und Kirche, das Kulturzentrum, der Gemüsemarkt und das Museu Etnográfico sind nur wenige Minuten Fußweg voneinander entfernt.

---

⭐ **Cidade Velha**
Wo die Geschichte des Inselstaats ihren Anfang nahm – der erste Ort, der auf Kap Verde entstand → S. 56

⭐ **Praia**
Die turbulente Metropole der Kapverden → S. 57

⭐ **Tarrafal**
Palmenstrand und bunte Fischerboote → S. 59

⭐ **Chã das Caldeiras**
Faszinierend: Die Landschaft im Vulkankrater ist unvergleichlich → S. 64

⭐ **Pico do Fogo**
Der höchste Berg der Kapverden ist ein noch aktiver Vulkan → S. 66

⭐ **São Filipe**
Elegante Herrenhäuser und schwarz glitzernder Sand → S. 67

⭐ **Fajã d'Água**
Ein winziges Dorf zwischen mächtigen Felsen und dem Atlantik → S. 72

⭐ **Nova Sintra**
Architektonisch verspielte, oft nebelverhangene Kleinstadt, die nach portugiesischem Vorbild angelegt wurde → S. 73

**MARCO POLO HIGHLIGHTS**

Ein paar besinnliche Minuten gönnen sich diese Frauen in der Kirche Nossa Senhora da Graça

ihrer Einwohnerzahl stetig bergauf. Zwar machten ihr im Lauf von 400 Jahren mehrmals andere Städte die politische und wirtschaftliche Vorreiterrolle streitig, doch heute ist Praia als Hauptstadt fest etabliert. Besonders stark ist die Konkurrenz mit Mindelo. Der Hafenort auf São Vicente konnte sich in den 150 Jahren seines Bestehens eine starke wirtschaftliche und kulturelle Position erobern, für Praia sind es eher politische und kommerzielle Vorteile, die zum Zug kommen. In Sachen Lebensstil, Kunst und Kultur ist Praia inzwischen tonangebend.

Immer noch bildet das *Plateau* das Zentrum der Stadt. Früher war das 300 × 500 m große Areal ein Wohngebiet, heute belegen vorwiegend Geschäfte und Büros die Räume der pastellbunten Kolonialhäuser. Für Touristen liegt hier nach wie vor der interessanteste Teil der Stadt. Entdecken Sie die *historischen Gebäude* und den *Gemüsemarkt* an der breiten Hauptstraße Avenida Amílcar Cabral,

den Hauptplatz Praça de Albuquerque mit der Kirche ● *Nossa Senhora da Graça,* wo Sie sich den sonntäglichen Gottesdienst *(10 Uhr)* nicht entgehen lassen sollten, und dem *Rathaus.* Hier befindet sich auch der *Palácio da Cultura (Mo–Sa 10–17 Uhr | Eintritt frei | Av. Amílcar Cabral 17)*, der Ihnen mit Kunstausstellungen und anderen kulturellen Veranstaltungen erste Einblicke in die kreolische Kultur gewährt. In den umliegenden kleinen Gassen können Sie bei einer der vielen Händlerinnen köstliche Minibananen oder süße Papayas kaufen. Das 1997 gegründete *Museu Etnográfico de Cabo Verde (Mo–Fr 9–18 Uhr | Eintritt 100 CVE | Rua 5 de Julho 45)* zeigt in der Fußgängerzone seine Schätze. Historische Alltagsgegenstände und Schautafeln erzählen vom einstigen Leben auf verschiedenen Inseln.

Im Stadtteil *Várzea* findet Montag bis Samstag der turbulente Gebrauchswarenmarkt ● *sucupira* statt. An unzähligen Buden türmen sich Berge von Schuhen neben dem neusten Elektronikspielzeug aus China. Daneben schaukeln Bikinis in allen Regenbogenfarben, am nächsten Stand flattern T-Shirts, Fußballtrikots und Stoffe mit farbenfrohen afrikanischen Mustern fröhlich neben glitzernden Ballkleidern im Wind ...

Das Nobelviertel *Prainha* liegt in westlicher Richtung auf einer Halbinsel. Hier liegen stattliche Diplomatenvillen und Privatanwesen inmitten gepflegter Parks und bilden die Kulisse für elegante Hotels mit Panoramablick auf die Strände Prainha und Quebra Canela.

## RUI VAZ (140 B4) (*M N16*)

Das Dorf Rui Vaz (1000 Ew.) liegt 800 m hoch inmitten einer atemberaubenden Berglandschaft. Hier beginnt der Naturpark *Pico d'Antónia* mit dem antennengeschmückten Monte Xoxa. Unterhalb des Dorfs führt ein kleiner, steiler Pfad rund 400 Höhenmeter bergab nach *São Jorge dos Orgãos*. Dort befindet sich die landwirtschaftliche Versuchsanstalt der Kapverden, die auch einen kleinen ⬤ *Botanischen Garten (Jardim Botánico | keine festen Öffnungszeiten | Eintritt frei)* unterhält.

## SERRA MALAGUETA � �
(140 A–B3) (*M M15*)

Im Norden liegt die Serra Malagueta. Die mehr als 1000 m hohen Berge trennten bis in die 1980er-Jahre Tarrafal vom Rest der Insel, dann erst wurde eine Straße durch das schroffe Gebirge gebaut. Die Serra Malagueta ist als Naturschutzgebiet ausgewiesen. Auf 774 ha wurden 26 Arten nur hier vorkommender (endemischer) Pflanzen gezählt, bedrohte Reptilien und Vögel finden hier Unterschlupf. Die bekannteste endemische Vogelart ist der Kapverdische Eisvogel. Im Gebäude der Parkverwaltung verkauft ein kleiner 🌐 *Laden (Di–So | an der Straße von Assomada nach Tarrafal)* Original-*Panos* und anderes authentisches kapverdisches Kunsthandwerk. Auch Broschüren (auf Englisch und Portugiesisch) mit Informationen über den Naturpark sind zu haben, es gibt ein WC und eine kleine Snackbar.

## TARRAFAL ★ (140 A2) (*M M15*)

Im heißen Nordwesten Santiagos liegt Tarrafal (7000 Ew.). In der kleinen, halbrunden Bucht mit weißem Sandstrand wiegen sich Kokospalmen in der leichten Brise. Ein Dutzend bunter Fischerboote liegt am Saum des Ozeans. Kurz

# SANDIGE VARIATIONEN

Weiße Traumstrände auf den Ostinseln, märchenhafte schwarze Sandbuchten im Norden und Süden. Der schwarze Sand besteht aus verwittertem Vulkangestein der geologisch noch jungen Inseln. Bei Tarrafal auf São Nicolau enthält er Jod und Titan – er soll bei Rheumabeschwerden helfen, wenn man ihn in ein Tuch einbindet und auf die schmerzende Stelle legt. Auf den Ostinseln ist der Sand aus erodiertem Inselgestein von heller Farbe. Die Inselgruppe ist geologisch weitaus älter und besteht aus fossilen Sedimentgesteinen und Korallenablagerungen. Zum Sand aus Inselgestein kommt Flugsand vom afrikanischen Kontinent. Feiner, weißer Saharasand überquert bis zu 700 km weit den Ozean und lagert sich an den Ostseiten der Inseln ab.

vor Sonnenaufgang ziehen die Fischer ihre Boote ins Wasser, gegen Mittag kommen sie zurück. Dann versammeln sich Marktfrauen und Neugierige am Ufer, um den Tagesfang zu begutachten. Wenn die Händlerinnen die Ware in großen Schüsseln abtransportiert haben, kehrt wieder Ruhe ein.

Atmosphäre in hübschem Innenhof. *Mo–Sa | Tarrafal | Tel. 9 96 38 65 | €*

### AVIS
Ein schöner Ort zum Draußen- oder – in gediegenem Ambiente – Drinnensitzen. Reiche Auswahl an Speisen und Getränken, und jeden Freitagabend sowie

Bunte Fischerboote am Strand von Tarrafal warten auf ihren nächsten Einsatz

In Portugal weckt der Name Tarrafal unliebsame Erinnerungen: Einige Kilometer außerhalb liegt das ehemalige Konzentrationslager, in dem das faschistische Salazar-Regime Widerständler und Kritiker folterte und ermordete. Ein winziges *Museum (keine festen Öffnungszeiten | Eintritt 100 CVE)* zeigt Bilder und Dokumente (nur auf Portugiesisch).

## ESSEN & TRINKEN

### ALTO MIRA
Der Franzose im Ort backt im Steinofen die beste Pizza weit und breit! Auch die Fischgerichte sind sehr gut. Freundliche

samstags ab 16 Uhr Livemusik. *Tgl. | Praia | Plateau | Rua 5 de Julho 36a | Tel. 2 61 39 79 | €*

### BAIA VERDE ☀
Das Hotelrestaurant auf den Felsen über der zugehörigen Bungalowanlage bietet gehobenere traditionelle sowie internationale Küche. Sehr lecker, aber leider nicht immer verfügbar: **INSIDER TIPP** Sandwich mit frischem Thunfisch *(sandes de atum). Tgl. | Tarrafal | €€*

### FLOR DE LIZ
Einheimische Küche, täglich aus frischen Zutaten zubereitet. Empfehlenswert ist

das Tagesgericht, meist Fisch oder Hühnchen mit Beilage. In der Fußgängerzone, mit Tischen draußen. Kapverdisches Bier vom Fass. *Tgl. | Praia | Plateau | Rua 5 de Julho 43a | Tel. 2 61 25 98 | €*

### BAR JOSÉ DA ROSA
In der Fußgängerzone unweit vom Gemüsemarkt liegt das Urgestein unter den kapverdischen Snackbars – diese gibt es seit 1947! Neben allerlei Kleinigkeiten (z. B. frittierte Muräne – *moreia frita*) ist jeden Tag ein anderes Mittagsgericht im Angebot, und auch frühstücken kann man hier. *Tgl. | Praia | Plateau | Rua 5 de Julho 9a | Tel. 2 61 38 93 | €*

### CAFÉ PÃO QUENTE
Immer dem Duft nach: Er führt Sie zu einer Riesenauswahl an appetitlichen Brot- und Kuchenspezialitäten aus der eigenen Bäckerei. Zum Mitnehmen oder unmittelbarem Genießen im **INSIDER TIPP** ▶ **Café auf der Empore**. *Tgl. | Praia | Plateau | Rua Andrade Corvo 16 | Tel. 2 61 47 50 | €*

### PENEDINHO ● ☼
Hier essen die Einheimischen, denn der Meerblick ist derselbe wie im Lokal nebenan, das Essen, z. B. frittierte Muräne, aber nur halb so teuer und ebenso lecker. *Tgl. | Cidade Velha | Meeresufer | €*

### O POETA ☼
Mit Recht eines der beliebtesten Restaurants der Stadt – leckeres Essen, gute Weine, freundlicher Service und eine große Dachterrasse mit Meerblick. Besonders gut: Fisch und Meeresfrüchte. *Tgl. | Praia | Achada de Santo António | Tel. 2 61 38 00 | €*

### EINKAUFEN
Auf Santiago sind die Märkte besonders bunt und lebhaft. In *Praia* haben der Ge-

müsemarkt und der Gebrauchswarenmarkt *sucupira* von Montag bis Samstag geöffnet, in *Assomada* lohnt ein Besuch am Mittwoch oder Samstag. In *Tarrafal* sind Montag und Donnerstag die besten Tage für einen Marktbummel. Dann können Sie in der Markthalle an der Straße nach Assomada auch Kleider, Schuhe, Taschen, Kunsthandwerk und vieles mehr erstehen.

### HARMONIA ●
Gut sortierter Musikladen, in dem Sie vor dem Kauf in die CDs reinhören können. Angeboten werden auch Instrumente, Gitarrensaiten, Postkarten u. a. *Praia | Rua Andrade Corvo 27*

### FREIZEIT & SPORT
Phantastische Tauchgründe gibt es in der hauseigenen Bucht des King Fisher

## LOW BUDG€T

Er ist auf ganz Kap Verde berühmt: der Ziegenkäse von Fogo. Traditionell kommt er in Pilzform in einem schmalen Ring aus grünem Agavenblatt daher. Besonders günstig ist er z. B. in der Markthalle von São Filipe zu erstehen: Ein ganzer Käse kostet dort 150–200 CVE.

Wo immer Sie das Schild „Casa de pasto" entdecken, können Sie sparen. Dies sind meist winzige Speiselokale, wo täglich frisch gekocht wird. Meist gibt es nur ein oder zwei Gerichte – sei es eine *cachupa* oder ein anderer Eintopf oder ein Tagesgericht mit Fisch und Hühnchen. Und: Sie speisen volksnah.

Resorts, wo auch das *Divecenter Santiago* (s. S. 114) zu finden ist.

### SABADI AVENTURA

Hiking and Biking rund um Tarrafal und die Serra Malagueta – Sabina (spricht Deutsch) und Adilson (Englisch, Portugiesisch) sind Fachleute in puncto Wandern und Mountainbiketouren. *Tarrafal | Tel. 9 26 39 12 u. 9 17 02 92 | sabadi.aventura@gmail.com*

### TUTUTOURS

Bartolomeu de Barros zeigt Ihnen seine Heimat auf Wanderungen, Stadtführungen und Inselrundfahrten per Auto. Erklärungen in Englisch oder Portugiesisch. *Praia | Tel. 2 62 77 54 u. 9 84 67 91 | tututours@yahoo.com*

## STRÄNDE

Santiago verfügte früher über wunderschöne Badestrände an der Ostküste. Durch massiven Abtransport des Sands für Bauzwecke ist von vielen jedoch kaum etwas übrig geblieben. Bei Einheimischen beliebt sind die Strände in *Calheta de São Miguel* (140 B3) (*M N15*) und *Pedra Badejo* (140 C3) (*M N15–16*). Die *Praia Baixo* (140 C4) (*M O16*) ist nur schwer zugänglich, aber besonders schön. Echte Traumstrände liegen im Nordwesten. An der *Praia Gamboa* in Praia unterhalb des Plateaus sollten Sie wegen bedenklicher Verschmutzung nicht ins Wasser gehen.

### PRAIA DA PRATA (140 A3) (*M M15*)

Der schwarze „Silberstrand" von Ribeira da Prata ist eine unbekannte Perle. Nur ein paar Kilometer südlich von Tarrafal haben Sie oft den ganzen Strand für sich allein. Ein grünes Tal öffnet sich zu einem weiten Strand mit feinem Sand und Kokospalmen. Zum Baden gut geeignet,

er sollte aber nur zu mehreren besucht werden – Diebstahlgefahr!

### PRAIA DO TARRAFAL

(140 A2) (*M M15*)

In einer windgeschützten Bucht im Nordwesten liegt der Renommierstrand der Insel. Er verdient jede Lobhudelei: weißer Traumstrand unter Palmen, wo noch echtes Fischerleben stattfindet. Schön zum Baden, Entspannen, Gucken.

### PRAINHA/QUEBRA CANELA

(140 C5) (*M N17*)

Die beiden Badestrände von Praia liegen rechts und links der Landzunge *Ponta Temerosa,* wo der Leuchtturm steht, und sind beliebte Familienstrände mit weißem Sand zwischen dunklen Felsen und ein paar Akazien, die Schatten spenden.

## AM ABEND

### 5AL DA MÚSICA

Da müssen Sie hin! Berühmt ist das Restaurant zwar für unvergessliche Auftritte bekannter Musiker, doch auch der Koch ist ein Künstler. Jeden Abend Livemusik, dienstags schwingen ● *Batuco*-Tänzerinnen die Hüften. *Mo–Sa | Praia | Plateau | Av. Amílcar Cabral 70 | Tel. 2 61 16 79*

### INSIDER TIPP KA TCHEKA

Die Musikkneipe eines der bekanntesten Musikers Kap Verdes – Tcheka – ist der angesagte Treffpunkt für kulturinteressierte Einheimische und Touristen. Lebens- und andere Künstler sowie ganz gewöhnliche Menschen treffen hier entspannt aufeinander. *Mi–So 19–22 Uhr | Praia | Achada Santo António | Rua Carlos Veiga | €€*

### KEBRA CABANA ●

Oberhalb des Stadtstrands Praia Quebra Canela isst man vorzüglich und preiswert, dazu ein Strela vom Fass und zum Sonnenuntergang einen vorzüglichen Caipirinha. Besonders klasse sind die herzhaften Crêpes, und auch die Meeresfrüchte sind vom Feinsten. WLAN gratis, freitagabends Livemusik. *Tgl. | Praia | Prainha | Tel. 2 62 63 60*

## ÜBERNACHTEN

### HOTEL HOLANDA

Gemütliches kapverdisch-holländisches Hotel mit familiärem Charakter und internationalen Gästen. Im lebendigen Wohn- und Geschäftsviertel, fünf Minuten vom Stadtzentrum entfernt gelegen. *10 Zi. | Praia | Achada Santo António | Tel. 2 62 39 73 | www.hotelholanda.com | €*

### O JARDIM DO VINHO

Fünf liebe- und geschmackvoll eingerichtete Zimmer in einem Stadthaus mit hübschem Innenhof im quirligen Viertel Achada Santo Antonio. Freundliche Gastgeber, familiäre Atmosphäre – rundum eine tolle Adresse. *Praia | Achada Santo António | Rua Carlos Veiga 17 | Tel. 2 62 47 60 | www.ojardimdovinho.com | €*

### KING FISHER RESORT

Zehn tolle Apartments und fünf Zimmer in geschmackvoller Natursteinarchitektur (Mindestaufenthalt drei Nächte). Sehr gute Ausstattung, jeweils mit separater Terrasse. Oberhalb der eigenen Badebucht gelegen, 15 Gehminuten vom Strand entfernt. Mit eigener Tauchstation. *Tarrafal | Tel. 2 66 10 07 | www.king-fisher.de | €€*

### HOTEL PESTANA TRÓPICO

Komfortables Hotel mit 93 geräumigen Zimmern mit Klimaanlage, TV, Minibar und eigenem Terrassenplatz mit Blick auf Salzwasserpool und Sonnenterrasse. Gelegen auf einem Felsvorsprung über dem Meer, 15 Fuß- oder fünf Taximinuten vom Zentrum. *Praia | Prainha | Tel. 2 61 42 00 | www.pestana.com | €€€*

Palmen rascheln sanft im Wind an der Praia do Tarrafal

**INSIDER TIPP** POUSADA QUINTA DA MONTANHA ⊘

Modern und nach ökologischen Kriterien ausgestattete Mountainlodge in 800 m Höhe am Rand des Naturparks Pico d'Antónia. Optimales Wanderdomizil mit hervorragender Küche, die die Zutaten im eigenen Biogarten erntet. Sonntags großes Mittagsbuffet im Gartenrestaurant *(€€)*. *28 Zi. | Rui Vaz | Tel. 2 68 50 02 | quintamontanha@cvtelecom.cv | €€*

**INSIDER TIPP** CASA STRELA

Andreas (deutschsprachig) betreibt mit seinem Bed & Breakfast ein kleines Paradies. Liebevoll eingerichtet, eine tolle ☼ Dachterrasse mit Meeresblick, toller Service, Ausflugsangebote und Beratung – bei ihm ist man bestens aufgehoben! *4 Zi. | Tarrafal | Ponta de Atum | Tel. 9 17 85 29 | www.casastrela.com | €€*

### HOTEL VIP PRAIA ☼

Im schicken Shoppingcenter wohnen: sehr modernes und luxuriöses Hotel, mit Meerblick, Klimaanlage, Minibar, Kabel-TV, Restaurant, Spa- und Wellnesscenter mit Pool, Fitnesscenter sowie einem tollen Außenpool auf der Dachterrasse. *75 Zi. | Praia | Prainha | Av. Jorge Barbosa 1037 | Tel. 2 61 43 37 | €€€*

**AUSKUNFT**

In *Praia* gibt es einen Informationskiosk an der *Praça Alexandre Albuquerque (Mo–Sa 9–18 Uhr)*, in *Cidade Velha* ein Touristenbüro *(Mo–Sa 9–18 Uhr | Largo do Pelourinho)*.

# FOGO

**(143 D–F 2–5) (⊠ G–H 16–18) Der Name sagt es schon: Die Insel Fogo (port. Feuer) ist ein aktiver Vulkan. Kreisrund,** knapp 3000 m hoch, mit einem Kegel von 25 km Durchmesser an der Basis und 9 km oben am Einsturzkrater.

Der Kraterboden liegt auf etwa 1700 m Höhe. Er wird nach Westen hin von einem gigantischen Halbkreis aus gezackten, nahezu 1000 m hohen Felswänden umschlossen. In der bizarren schwarz-grauen Landschaft aus Lava und Asche erhebt sich am Ostrand der perfekt geformte Kegel des gegenwärtig aktiven Vulkans: der Pico do Fogo. Er ist mit 2829 m der höchste Berg der Kapverden. Vom Einsturzkrater schlängeln sich haushohe Lavazungen die Bergflanken bis hinab zum Ozean, pechschwarz oder grau, je nach Alter. An der schroff abfallenden Ostflanke dringen heiße Schwefeldämpfe aus klaffenden Erosionsrissen.

Fruchtbar und grün ist die dem Passat zugekehrte Nordostseite der Insel. Zitrus- und Mangobäume, Bananenstauden und Kaffeesträucher verleihen der Gegend um den Küstenort Mosteiros ein tropisches Kolorit. Hier liegt das Waldgebiet Monte Velha, ein dichter Nadel- und Eukalyptusforst. Fruchtbare Aschefelder liegen auf den Nordhängen. Dort wachsen in flachen Kuhlen die Trauben, aus denen der *vinho de Fogo* gekeltert wird. Auch im Einsturzkrater selbst wird Landbau betrieben. Auf der 476 km² großen Insel leben rund 37000 Menschen. Rund die Hälfte wohnt im Bezirk São Filipe auf der Westseite, ein weiteres Viertel im Norden um Mosteiros. Eine teils gepflasterte, teils glatt asphaltierte Ringstraße führt um die Insel und verbindet die verstreut liegenden Einzelhöfe und Dörfer.

**SEHENSWERTES**

### CHÃ DAS CALDEIRAS ★

**(143 E–F3–4) (⊠ H16–17)**

Der Einsturzkrater des Urvulkans, die Caldera (port. *caldeira*), misst neun

Kilometer im Durchmesser. Schwarze Geröllfelder, meterhohe Lavazungen und graue Aschefelder bilden eine bizarre Kulisse. Bis zum erneuten Vulkanausbruch des Pico Pequeno im November 2014 gab es hier die beiden Dörfer Bangaeira und Portela sowie einige kleine In- und Ausland wurde und wird ihnen weiterhin geholfen.

Ein großer Teil der ehemaligen Bewohner von Chã das Caldeiras besitzt einen gemeinsamen Vorfahren: den französischen Grafen Armand Montrond. Ihm verdanken zahlreiche Kinder noch

Weinstöcke setzen in den Lavafeldern am Fuß des Pico do Fogo leuchtende Akzente

Ansiedlungen mit zusammen rund 1200 Einwohnern. Die Orte wurden während der rund acht Wochen dauernden Naturkatastrophe komplett von der Lava verschlungen, lediglich einige Hausdächer sind noch zu erkennen. Verletzt wurde zum Glück niemand, doch die Bewohner der Caldera verloren sowohl ihre Häuser als auch ihre Lebensgrundlage: Landwirtschaft und Einkünfte aus dem Tourismus.

Doch die ersten Rückkehrer nahmen noch nicht einmal ein Jahr später die ersten neu erbauten Gästehäuser und weitere Gebäude wieder in Betrieb. Mit umfangreichen Spenden aus dem heute ihre blonden Haare und blauen Augen – was zu kaffeebrauner Haut ein aufregender Kontrast ist. 1872 ließ sich der Franzose auf Fogo nieder, veranlasste den Bau von Bewässerungsgräben und Straßen, verbesserte die medizinische Versorgung und brachte den Weinanbau in die Caldera.

## MONTE VELHA ☀ (143 E3) (*m H16*)

An der Nordflanke des Pico do Fogo wurden in den 1940er-Jahren in großem Umfang Akazien, Zypressen, Kiefern und Eukalyptus gepflanzt. Heute zählt das Waldgebiet Monte Velha zu den größten Wäldern der Kapverden. Hier ist es im-

Eintauchen in den kapverdischen Frauenalltag auf dem Gemüsemarkt in São Filipe

mer kühl und dunstig, denn gelbe und grüne Flechten, die die Bäume überziehen, sammeln mit ihren feinen Verästelungen das Wasser aus der Luft und verwandeln den Wald in ein surreales Märchenland, in dem Sie umherspazieren können.

### MOSTEIROS (143 F2) (🚗 H16)

Mosteiros (1200 Ew.) liegt im grünen, subtropischen Nordosten sehr malerisch zwischen den steilen Berghängen und dem Meer. Im Ortszentrum scheint die Zeit stillzustehen, nur einige halb verfallene Herrenhäuser erzählen Kolonialgeschichte. Der 🌿 Kirchplatz liegt direkt am Wasser und bietet einen schönen Ausblick auf die felsige Küste. Auf grünen Berghängen oberhalb der Stadt wachsen kräftige Kaffee-, Papaya-, Mango- und Bananenpflanzen. Rund um Mosteiros liegt das Hauptanbaugebiet für Fogo-Kaffee. Der Nebelwald Monte Velha zieht sich von der Stadt bis zum Krater.

### PICO DO FOGO ★ 🌿
(143 E3) (🚗 H17)

Der gigantische Schildvulkan Pico do Fogo, kurz Pico genannt und das Wahrzeichen der Insel, spuckte aus dem Hauptkegel an der Spitze 1785 zum letzten Mal Feuer. Die Wanderung hinauf zum rund 500 m breiten und 150 m tiefen Gipfelkrater dauert vier bis fünf Stunden und wird mit einem herrlichen Blick hinunter in die Caldera und oft hinüber bis Santiago belohnt. 1100 m Höhenunterschied sind zu bewältigen, solides Schuhwerk und eine gute Kondition sind Voraussetzung. Es ist vorgeschrieben, einen Wanderführer zu engagieren. Diesen vermittelt der *Verein der Wanderführer (AGTC)* in Chã das Caldeiras. Der Vorsitzende des Vereins, Mustafa Eren *(Tel. 9 79 23 22 | musti@blocsyndicate.com)*, spricht Deutsch. Ein besonderes Erlebnis ist der Abstieg über das steile Aschefeld, den man gleitend und rutschend in etwa einer halben Stunde zurücklegt.

**PICO PEQUENO** ☼ (143 E3) (*ΦΦ H17*)

Der Ausbruchskrater von 1995, aus dem sich im November 2014 ein weiteres Mal Lava ergoss, liegt an der westlichen Flanke des Pico. Gut 200 m geht es hinauf, bevor Sie in den Kessel schauen. Gelbe Schwefel- und rote Eisenoxidablagerungen malen exzentrische Bilder auf den schwarzen Basalt, Schwefelgeruch liegt in der Luft, und legt man trockene Grashalme in eine der Felsspalten, fangen sie plötzlich Feuer. Zwei gigantische Gaskrater bilden den eindrucksvollen Hintergrund.

**SÃO FILIPE** ★ (143 D4) (*ΦΦ G17*)

Die Hauptstadt der Insel (8100 Ew.) liegt auf einem 70 m hohen Plateau an der Westküste. Um 1500 wurde sie als zweite Ortschaft auf den Kapverden gegründet. Portugiesische Adelsfamilien erhielten den Grundbesitz von der Krone als Le-

hen und errichteten eine Gesellschaft mit strenger Hierarchie. Die adlige Oberschicht lebte in der Unterstadt *(Bila Baixo)*, die Sklaven in der durch eine Mauer getrennten Oberstadt *(Bila Riba)*. Auch in der Architektur der Häuser spiegelt sich das gesellschaftliche Verhältnis wider: Die Reichen wohnten in eleganten *sobrados*, zweistöckigen Häusern mit Balkonen und luftigen Innenhöfen. Die schönsten von ihnen stehen unter Denkmalschutz. In einem von ihnen unterhält die Schweizerin Monique Widmer das private Museum ● *Casa da Memória (Mi–Fr 10–12 Uhr | Eintritt frei | www.casa damemoria.com.cv)* mit antiken Möbeln, Alltagsgegenständen und historischen Fotos sowie einem Garten mit endemischen Pflanzen, und ein paar Häuser weiter finden Sie das ● *Museu Municipal de São Filipe (Mo–Fr 8–13 u. 14–18, Sa 8–12 Uhr | Eintritt 100 CVE)*. Dort ist u. a. im

# BÜCHER & FILME

**Reise auf die Kapverden** – Rund 20 Reiseberichte sowie kurze Geschichten und Buchauszüge aus der kapverdischen Literatur (Unionsverlag, 2010)

**Das Testament des Napumoceno** – Herr Napumocenos Aufstieg vom Habenichts zum wohlhabenden Kaufmann ist ein humorvolles Porträt der kapverdischen Gesellschaft. Von Germano Almeida 1997 verfilmt, mit Cesária Évora in einer Nebenrolle

**Entdeckung für Andersreisende: die Kapverdischen Inseln** – Peter Schaller, ehemaliger deutscher Botschafter auf Kap Verde, schildert seine Eindrücke von diesem Land (Frieling Verlag, 2002)

**Kapverden – die wiederentdeckten Inseln** – Dokumentarfilmer Andreas Lueg zeigt, wie sich die Kapverden langsam, aber sicher zur Urlaubsdestination mausern – mit allen Vor- und Nachteilen (SR, 2011)

**Die Kapverden – Vulkaninseln im Wüstenwind** – Stimmungsvolle Dokumentation mit Schwerpunkt Entstehung und Veränderung der kapverdischen Vulkanlandschaften sowie ihrer Tier- und Pflanzenwelt (Arte, 2004)

**Inselträume: Kapverden** – Musiker, Poeten, Maler und Bauern erzählen aus ihrem Leben und von ihren Inseln (Arte, 2009)

Hof eine typische Sklavenhütte *(funco)* zu besichtigen.

In der Unterstadt liegt die Kirche *Igreja Nossa Senhora da Conceição* mit ihrer himmelblauen Fassade sowie an der zubetonierten Praça 12 de Setembro das *Rathaus*. Nur eine Ecke weiter finden Sie den *Gemüsemarkt*. In den umliegenden Gassen herrscht vormittags reger Betrieb. An den Straßenrändern sitzen Händlerinnen mit Obst und Fisch, lautes Hämmern und Sägen dringt aus den vielen Schreinerwerkstätten. Amerikanische Jeeps und Motorräder holpern über das Pflaster. Sie dokumentieren lärmend die starken Bande zwischen Fogo und den USA, die durch Emigration über Generationen hinweg entstanden sind. Die geruhsame Atmosphäre der kleinen Stadt mit ihren hellbunten Häuschen wirkt wie die heile Welt einer Puppenstube.

Unterhalb der Steilküste liegt der kilometerlange, schwarz glitzernde Sandstrand *Praia da Fonte Bila*. Auf einer Klippe darüber thront die ehemalige Befestigungsanlage *Fortim Carlota*, die bis 2005 als Inselgefängnis diente. Ein gepflasterter Pfad führt unterhalb des Forts hinunter zum Strand. Leider ist dieser Ort nicht mehr sicher – unternehmen Sie hier keine einsamen Strandspaziergänge! Im Stadtgebiet selbst besteht die Gefahr eines Übergriffs nicht, denn dort sind immer andere Menschen in der Nähe.

## ESSEN & TRINKEN

Alle empfehlenswerten Restaurants befinden sich in São Filipe.

### CALEROM
Gutes, landestypisches Essen in stimmungsvollen Patio, beliebt bei Einheimischen. Besonders lecker: Gerichte vom Grill, Fisch mit Kokossauce. *Tgl. | Rua de Pato | Tel. 2 81 32 96 | €*

### FRONTEIRA ●
Kapverdisches Restaurant mit Außenterrasse. Leckere einheimische Küche, gute Portionen, guter Preis. *Tgl. | Rua Francisco d'Arcanja | Tel. 2 81 25 34 | €–€€*

### INSIDER TIPP ▶ PIPI'S BAR
Afrikanische Küche, die kaum zu toppen ist. Pipi, eine junge Senegalesin, bereitet ein hervorragendes Grillhühnchen zu, ihre Erdnusssauce ist ein Gedicht. Leckere Cocktails, und freitagabends tolle Livemusik. *Tgl. | neben Hotel Savana | Tel. 5 30 39 76 | www.pipis-bar.com | €*

### SEAFOOD
Alteingesessenes Lokal mit vielen einheimischen Stammgästen. Auf der Klippe über der Praia da Fonte Bila gibt es Fisch und Meeresfrüchte. *Tgl. | gegenüber vom Fortim Carlota | Tel. 2 81 26 23 | €€*

### TROPICAL
Der Hof macht dem Namen alle Ehre: subtropisches Flair unter schattigen Bäumen, dazu bunte Wandmalereien. Traditionelle und internationale Küche, Fischspezialitäten. Probieren Sie den Nachtisch „Romeo und Julia". Am Abend Cocktails, Fr und Sa Livemusik. *Tgl. | Tel. 2 81 21 61 | €–€€*

## EINKAUFEN

### DJA'R FOGO
Hübsch verpackter Fogo-Kaffee und andere Souvenirs aus Fogo und Kapverde. Verschiedene Artikel aus *panos* (Taschen, Krawatten etc.), T-Shirts und ♻ Recycling-Artikel. Ein schattiger Patio lädt zur Kaffeepause ein. *São Filipe | Rua D. Costa*

## FREIZEIT & SPORT

Klettern und Bouldern in der Umgebung: Mustafa Eren *(Chã das Caldeiras |*

Tel. 9 79 23 22 | musti@blocsyndicate. com) ist nicht nur Wanderführer, sondern auch Trainer für Sportklettern und nimmt Sie im Vulkangebiet mit hinauf oder hinunter. Die gigantische Krater-

### PONTA DA SALINA (143 E3) (*G–H16*)

Bester Badestrand der Insel, etwa 15 km nordwestlich von São Filipe. Eine Felsbrücke trennt ein Schwimmbecken vom Ozean ab. Ein kleiner, leider nicht beson-

Die beschaulichen Straßen der Unterstadt von São Filipe führen hinunter zu Kirche und Strand

wand rund um die Caldera lädt ein zum ein- oder zweitägigen Klettertrekking, und zu zwei Eruptionshöhlen geht es in die Tiefe. Die Qualitätsausrüstung wird den Expeditionsteilnehmern gestellt, die Verständigung ist leicht, denn Mustafa spricht fließend Deutsch.

## STRÄNDE

Starke Brandung und tückische Strömungen machen das Schwimmen auf Fogo gefährlich. Auch wenn Sie Einheimische beim Baden sehen, sollten Sie ihnen keinesfalls nacheifern. Der einzige Strand Fogos, der das ganze Jahr über sicher ist, ist Ponta da Salina.

ders sauberer Sandstrand liegt zwischen Grotten, Höhlen und schwarzen Basaltriffen. Zu erreichen von der Straße nach São Jorge, wo eine schmale Straße zur Küste hinunter abzweigt.

### PRAIA DA FONTE BILA
(143 D4) (*G17*)

Der schwarze, breite Sandstrand unterhalb von São Filipe zieht sich kilometerweit hin, doch Baden ist dort gefährlich.

## AM ABEND

### FOGO LOUNGE ●

Leckere Cocktails und Fruchtsäfte in riesigen Korbstühlen unter freiem Himmel.

Auch tagsüber eine gute Adresse – besonders die süßen und deftigen Snacks (Pizza, Sandwiches, Pancakes) sind zu empfehlen. *Di–So | São Filipe*

### BAR RAMIRO
Die Chã ohne Ramiros Bar? Ohne Ramiro! Er und sein Sohn David eröffneten die Traditionsbar so schnell wie möglich wieder oben im Vulkankrater. Nach altbekanntem Rezept geht es weiter: originelle Livemusik und selbst gekelterter Wein *(manecom)* reißen jeden mit! *Tgl. | Chã das Caldeiras*

### BAR RAMIRO II
Ramiro führte nach dem Vulkanausbruch 2014 seine berühmte Bar im nächstgelegenen größeren Dorf weiter – und sie blieb auch nach dem Rückzug bestehen. Jetzt gibt es zwei. *Tgl. | Achada Furna*

## ÜBERNACHTEN

### CASA BEIRAMAR ☀
Das liebevoll restaurierte historische Kolonialhaus gegenüber der Kirche beherbergt vier Zimmer und Apartments, alle mit Bad, Terrasse und Meerblick bis hinüber nach Brava. WLAN gratis. *São Filipe | Tel. 2 81 34 85 u. 9 79 23 22 | www.cabo-verde.ch | €€*

### INSIDER TIPP ▶ POUSADA BELAVISTA
Wunderschönes Herrenhaus im Kolonialstil mitten im Zentrum und mit elf unterschiedlich ausgestatteten Zimmern. Sehr guter Frühstückskaffee. Unbedingt reservieren, oft ausgebucht. *São Filipe | Rua Achada Pato | Tel. 2 811 734 | p_belavista@yahoo.com | €*

### CHRISTINE E IRMÃOS
Familiäre Pension mit zehn hübschen Zimmern in der Hauptstraße. Gutes, preiswertes Restaurant *(€)* mit traditioneller regionaler Küche. *Mosteiros | Tel. 2 83 10 45 | €*

### INSIDER TIPP ▶ CASA DE LAVRA
Vier einfache, saubere Gästezimmer. Cecílio Montrond ist einer der besten Guides für den Vulkanaufstieg, seine Frau Elena eine tolle Köchin. *Chã das Caldeiras | Tel. 9 88 21 27 | casadelavra@hotmail.com | €*

### CASA MARISA ☀
Phoenix aus der Asche: Das beim Vulkanausbruch zerstörte und im November 2015 neu eröffnete Hotel bietet 14 geräumige Zimmer mit Bad und jeglichem Komfort. Großer Innenhof, Terrasse, fantastischer Ausblick, hervorragendes Essen. *Chã das Caldeiras | Tel. 9 79 23 22 | www.fogo-marisa.com | €*

### SAVANA
Die 16 Zimmer auf zwei Etagen eines historischen Kolonialhauses scharen sich rund um einen kleinen Patio mit Swimmingpool. Alle Zimmer sind mit Klimaanlage und TV ausgestattet. Schön ruhig! *São Filipe | Tel. 2 81 14 90 | www.hotelsavanafogo.com | €*

### TCHON DE CAFÉ
Zwölf freundliche Zimmer mitten in einem Bananenhain. Das Restaurant *(€)* bietet regionale Speisen, Meeresfrüchte und *petiscos* (Snacks). *Mosteiros | bei der Kirche | Tel. 2 83 16 10 | gennybarbosa@hotmail.com | €*

### INSIDER TIPP ▶ TORTUGA
Liebevoll gestaltete, gemütliche, kleine Pension direkt am Strand, weitab von allem Trubel. Ein Ort, um alles rundherum zu vergessen! Zu-Fuß-Entfernung bis zur Stadt ca. 20 Minuten, mit dem Taxi sind es einige Minuten. Auf Vorbestellung kocht Wirt Roberto phantastische Menüs

*(€€). 4 Zi., 1 Bungalow | São Filipe | Tel. 9 94 15 12 | www.tortuga-fogo.eu | €*

### HOTEL XAGUATE

Komfortables Vier-Sterne-Hotel, das direkt an der Steilküste liegt. Garten,

immer verschwinden die Gipfel der fast 1000 m hohen Berge unter einer Wolkendecke, denn Brava liegt im Windschatten Fogos.

Ein Vorteil, der den Charakter der Insel prägt: Dank der Wolkendecke verduns-

Auf der grünen Insel Brava gedeihen auch Drachenbäume

☀ Pool mit Meerblick. *39 Zi. | São Filipe | an der Straße zum Hafen | Tel. 2 81 50 00 | www.hotelxaguate.com | €€€*

*Tourismusbüro Chã das Caldeiras | Mo–Sa 9–13 u. 15–18 Uhr | Tel. 2 82 15 39*

# BRAVA

**(142 B–C 4–5) (🗺 F17–18) Kreisrund und kaum 10 km im Durchmesser: Brava (6800 Ew.) ist mit 64 km² die kleinste der bewohnten Kapverdeninseln.**
Sie liegt im Südwesten des Archipels, rund 20 km von Fogo entfernt. Fast

tet der Tau nicht, sondern kommt der Vegetation zugute. Die revanchiert sich mit üppigem Wachstum. Von Oktober bis Februar präsentiert sich die Insel als grüne Oase mit saftigen Viehweiden und mannshohen Maisstauden. Überall leuchten bunte Blüten. In dieser Jahreszeit trägt Brava die Bezeichnung „Blumeninsel" zu Recht: Oleander-, Bougainvillea-, Jasmin- und immer wieder Hibiskusblüten leuchten in jeder Farbschattierung. Auch Drachenbäume sind hier heimisch. Im Frühling und Sommer ist es durch die Trockenheit der letzten 100 Jahre allerdings wesentlich karger als früher; einige typische Pflanzen wie die Färberflechte Urzela sind inzwischen so gut wie ausgestorben.

Im gleißenden Sonnenlicht leuchtet die türkisfarbene Kirche in Fajã d'Agua fast weiß

Man erreicht die Insel über den Hafenort Furna an der Ostküste: Ein paar Dutzend würfelförmige Häuser an einer winzigen Bucht ziehen sich den Hügel hinauf. Eine Kopfsteinstraße führt steil bergauf, buschige Akazienzweige hängen tief über der Fahrspur, stachelige Agaven kleben schräg an Felsvorsprüngen. Je höher man kommt, desto frischer und kühler wird die Luft. In 500 m Höhe liegt die Inselhauptstadt Nova Sintra. Die höchste Stelle des Bergmassivs, der *Monte Fontainhas* (976 m), befindet sich 3 km südlich. An der Westküste liegt der verschlafene Ort Fajã d'Água. Im 19. Jh. ging es hier betriebsamer zu: Amerikanische Walfangschiffe heuerten Seeleute an und luden Proviant. Die enge Beziehung der Inselbewohner zur Ostküste der USA dauert bis heute an.

Geologisch gesehen ist Brava ein Ausläufer der Schwesterinsel Fogo; dortige vulkanische Aktivitäten sind hier als Beben zu spüren. Arbeit ist auf Brava Mangelware, die abgeschiedene Lage erschwert den wirtschaftlichen Fortschritt. Eine touristische Infrastruktur ist bisher kaum vorhanden. Die Schiffsverbindung von Fogo aus ist nicht immer zuverlässig. Planen Sie Ihre Reise zeitlich flexibel, mit zwei bis drei Puffertagen nach vorn und hinten. Sind Sie erst mal hier angelangt, offenbart sich Ihnen ein wahres Wanderparadies.

## SEHENSWERTES

### FAJÃ D'ÁGUA ★ (142 B4) (*ﾛ F17*)

Der früher für den Walfang wichtige Hafenort (300 Ew.) liegt an einer Felsenbucht, die von einem überfluteten Vulkankrater gebildet wird. Aus glasklarem, türkisblauem Wasser ragen bizarre schwarze Felsen. Zwischen dem dunklen Kieselstrand und den massigen Bergen ist kaum Platz für eine Handvoll Häuser; fast in einer Reihe stehen sie am Ufer. Zerzauste Kokos- und Dattelpalmen schwanken im Wind. Am nördlichen Ortseingang steht auf einem Sockel eine türkisfarbene Kirche. Der Strand ist zum Baden nicht geeignet, doch nach 1 km in Richtung Süden formen die Felsen einige natürliche Meeresschwimmbecken.

### FONTE DE VINAGRE (142 B4) (*∅ F17*)

In einem weiten Tal unterhalb von Nova Sintra liegt die Fonte de Vinagre (Essigquelle). Das Wasser enthält Fluor und Bikarbonat und schmeckt daher leicht sauer. Probieren Sie einen Schluck! Dem Wasser wird heilende Wirkung nachgesagt, weshalb Kranke hier früher zum Baden herkamen. Das langsam verwitternde *Badehaus* aus dem 19. Jh. zieren an allen vier Ecken Terrakottaköpfe mit weit aufgesperrtem Mund. Ein gepflasterter Pfad führt von Santa Bárbara hinab zur Quelle.

### FURNA (142 B4) (*∅ F17*)

Bravas Hafenort Furna (600 Ew.) liegt im Nordosten der Insel in einer Talmündung. Unterhalb einer Regenwassersammelfläche aus Beton ducken sich weiße, blaue und graue Gebäude in die natürliche Bucht eines vom Meer überspülten Vulkankraters. Der Hafen ist der einzige ständig erreichbare Zugang zur Insel und wird auf drei Seiten von hoch aufragenden Felswänden geschützt. Eine Pflasterstraße windet sich in weiten Kurven 7 km nach Nova Sintra. Schöner und kürzer ist der 4 km steil bergauf führende Fußpfad.

### JOÃO D'NOLE/MATO GRANDE ☼ (142 B4) (*∅ F17*)

Ein wenig oberhalb von Nova Sintra liegen die beiden Dörfer João d'Nole und Mato Grande (400 Ew.). João d'Nole ist ein sehr malerischer, kleiner Ort mit gepflegten Häusern und vielen Obstgärten. Auf einer Anhöhe steht eine kleine, türkisfarbene Kirche: die *Igreja Santo Antão.*

Mato Grande ist nicht ganz so idyllisch wie das Schwesterdorf, doch dafür entschädigt der großartige Ausblick über die gesamte Ostküste.

### NOSSA SENHORA DO MONTE ☼ (142 B4) (*∅ F17*)

Der Ort (150 Ew.) duckt sich im nordwestlichen Teil des zentralen Hügellands auf einen Bergrücken. Die 1826 erbaute Kirche steht an einem großen Platz, der Ausblick auf das Tal von Fajã bietet. Der Weg hierher führt durch das Dorf *Cova Joana,* wo prächtige Herrenhäuser zu bewundern sind.

### NOVA SINTRA ★ (142 B4) (*∅ F17*)

500 m über dem Meer in einer fruchtbaren Ebene liegt Bravas Hauptstadt Nova Sintra (1500 Ew.), die sich oft in Nebelwolken hüllt. Das angenehm gemäßigte Klima veranlasste im 18. und 19. Jh. die Oberschicht und die Kolonialverwaltung auf Fogo und Santiago, hier Sommerresidenzen zu errichten. So entstand eine schmucke Kleinstadt mit breiten, schachbrettartig angelegten Straßen, die nach ihrem portugiesischen Vorbild Sintra „Neues Sintra" genannt wurde. Einst elegante Herrenhäuser säumen die Hauptstraße, auf deren Mittelstreifen zwischen schmiedeeisernen Lampen Bäume und Blumen wachsen. An der parkähnlichen *Praça Eugénio Tavares* treffen die wichtigsten Straßen zusammen. Hier befinden sich das *Rathaus,* eine moderne *Nazarenerkirche* und ein *Musikpavillon.* Ein Gipsmodell zeigt das Relief der Insel. Der in Nova Sintra geborene Musiker und Dichter Eugénio Tavares (1867–1930) war einer der wegweisenden Künstler der kapverdischen Kultur. Er komponierte Lieder für das einfache Volk mit Texten in Kriolu. Seine Taufkirche, die katholische *Igreja São João Baptista,* ist am Ostrand der Stadt zu finden. Ganz in der

Nähe wartet die steinerne Nachbildung des *Kolumbus-Schiffs „Santa Maria"* auf den Johannistag. Dann feiern die Stadtbewohner rund um das Denkmal ein fröhliches Fest.

## ESSEN & TRINKEN

### INSIDER TIPP ▶ LUANDA

Vom Grill schmeckt alles lecker: Fisch als Filet oder im Ganzen, Hühnchen, Hähnchenschenkel, Kotelett u. a. Zudem klasse zubereitete Meeresfrüchte und leckere hausgemachte Pizza. Netter Service und hübsch eingerichtet. *Tgl. | Nova Sintra | Rua do Trabalhador | Tel. 9 71 02 56 | €*

### MANUEL BURGO

Wenn Sie morgens vorbestellen, werden Sie mit leckeren einheimischen Gerichten verwöhnt! Drei einfache Zimmer *(€)* bieten Übernachtungsmöglichkeiten. *Tgl. | Fajã d'Água | Tel. 2 85 13 21 | €*

### POR DO SOL

Am Hauptplatz gelegenes Bar-Restaurant mit ein paar Tischchen draußen – ein feiner Beobachtungsplatz. Preiswerter Mittagstisch, Fisch und Fleisch vom Grill. Auch abends interessant, wenn viele Einheimische auf ein Gläschen *grogue* oder *pontche* vorbeischauen ... *Tgl. | Nova Sintra | Praça Eugénio Tavares | kein Tel. | €*

## EINKAUFEN

### MINI-MERCADO POUPANÇA

Von Lebensmitteln und Getränken über Schuhe bis zum Sanitärbedarf: der bestsortierte Supermarkt auf Brava. *Nova Sintra | Rua Sossego | Tel. 2 85 11 36*

## FREIZEIT & SPORT

Brava besitzt keinen Badestrand. Die einzige Bademöglichkeit bieten die *Meeresschwimmbecken* bei Fajã d'Água. Südlich des Orts führt eine Treppe hinunter zu einer Handvoll Felskuhlen mit warmem Wasser. Bei starker Brandung donnern außen die Wellen an die Felsen – manchmal sogar so heftig, dass schwimmen nicht möglich ist.

## WANDERN

Zahlreiche alte Maultierpfade, teils gepflastert und meist gut in Schuss, ziehen sich kreuz und quer durchs Hochland. Obwohl Brava eine Wanderinsel par excellence ist, sind Wanderer rar – die Insel ist zu abgelegen und schwierig zu erreichen. Da es keine Beschilderung gibt, sollten Sie stets eine Wanderkarte dabeihaben.

### NOSSA SENHORA DO MONTE – FAJÃ D'ÁGUA (142 B4) (*⌖ F17*)

Eine schöne, etwa dreistündige Wanderung führt über gepflasterte Eselspfade aus den Bergen hinunter bis ans Meer. Von der *Igreja Nossa Senhora de Monte* verläuft der Weg in Serpentinen nach Lavadura. Dort wechseln Sie auf die rechte Seite des Hangs, um nach Lagoa hinabzusteigen. Das letzte Drittel des Wegs legen Sie entweder durch den Talgrund zurück oder – etwas weiter – durch das Dorf. Neben alten Bewässerungskanälen spenden Mangobäume und Kokospalmen Schatten. Durch einen steilen Taleinschnitt geht's hinab zum Hauptweg.

### NOVA SINTRA – FONTE DE VINAGRE (142 B4) (*⌖ F17*)

Ein schöner Spaziergang von rund anderthalb Stunden beginnt am Denkmal der „Santa Maria" in Vila Nova Sintra. Unmittelbar dahinter führt ein steiler Weg etwa 200 m lang bergab, bis er die neue Straße trifft. Auf der anderen Seite geht es noch weiter, immer hinunter, zunächst nach Santa Bárbara und schließlich zur Quelle. Wem der Aufstieg über die ganze Länge zu anstrengend ist, kann das letzte Stück auch auf der Straße laufen, das ist zwar ein wenig weiter, aber nicht so steil.

## AM ABEND

### O POETA

Gutes Restaurant mit traditioneller einheimischer Küche und Gartenterrasse unter freiem Himmel, wo samstags Livemusik geboten wird. Kostenloses WLAN. *Tgl. | Nova Sintra | Hauptstraße Richtung Faja d'Água*

## ÜBERNACHTEN

### O CASTELO

Das *residêncial* und Restaurant *(€)* amerikanischer Remigranten bietet einen guten Standard und leckere Gerichte. Sechs saubere, moderne Zimmer mit eigenem Bad. Die Besitzerin spricht Englisch. *Nova Sintra | Zona Castelo | Tel. 2 85 10 63 | €€*

### DJABRABA'S ECOLODGE

Modernes Haus mit zehn schönen, geräumigen Zimmern, alle mit Minibar, zum Teil mit TV. Marco und Maria aus Italien versuchen, ein ökologisch orientiertes Konzept mit Solarstrom, Brauchwassernutzung u. a. zu realisieren. *Nova Sintra | Cruz Grande | Tel. 9 79 49 34 | www.hoteldjabrabasecolodge.jimdo.com | €*

### SOL NA BAIA

Das von außen eher unansehnliche Haus überrascht mit hellen, geschmackvollen Zimmern mit Meerblick. Das Hobby von Sr. José ist die Malerei, er stellt seine Bilder und die anderer kapverdischer Künstler hier aus. Nach Vorbestellung gibt es Mittag- oder Abendessen *(€€)*. Verkauf von *grogue* aus eigener Herstellung. *4 Zi. | Fajã d'Água | Tel. 2 85 20 70 | €€*

Badespaß ohne Badestrand bei Fajã d'Água – die Meeresschwimmbecken machen's möglich

# NORDINSELN

**Fast senkrecht ragen die mächtigen Felsen aus dem Meer. Wind und Wetter haben ihnen zugesetzt; tief ausgewaschene Erosionstäler münden in den Ozean, gezackte Rinnen klaffen in sandpolierten Berghängen. Zwischen hohen Felsgiganten gähnen abgrundtiefe Schluchten.**

Die Gestalt der Nordinseln wird bestimmt von ihren fast 2000 m hohen Gebirgen. Sie und der Wind bestimmen, wo es genug Wasser gibt, wo Obst und Gemüse gedeihen, wo Menschen wohnen. Auf Santo Antão und São Nicolau sind die Berge hoch genug, um die Passatwolken aufzuhalten. Auf ihrer Nordostseite liegen fruchtbare, grüne Täler, wo tropische Früchte, Gemüse und Zuckerrohr wachsen. Der Kontrast zur Seite jenseits

der Gipfel könnte größer nicht sein: Dort gibt es nichts als braune Wüste.

Besiedelt wurde die nördliche Inselgruppe erst 250 Jahre nach den Süd- und Ostinseln. Ende des 17. Jhs. ließen sich kreolische Familien von Santiago und Fogo auf Santo Antão und São Nicolau nieder, europäische Einwanderer kamen aus Portugal und Madeira. Von Beginn an orientierte sich die Bevölkerung stark nach Europa.

Am Bischofssitz auf São Nicolau wurde im 19. Jh. ein katholisches Priesterseminar gegründet, das als Wiege kapverdischer Kunst und Literatur gilt. Der Ursprung der bekanntesten kapverdischen Musikstile liegt im Hafenort Mindelo auf São Vicente. Die kontrastreiche Metropole ist der Geburtsort vieler populärer Musiker.

Bild: Leuchtturm auf São Vicente

## Gigantische Berge und faszinierende Kultur: Erleben Sie mitreißende Momente, gefühlvolle Musik und atemberaubende Panoramen

Für aktive Urlauber sind die Nordinseln ein Paradies. Wer die ausgetretenen Pfade verlässt, entdeckt eine unvergleichliche Gebirgswelt. Für Individual- und Wanderreisen sind Santo Antão und São Nicolau optimal, auf São Vicente lockt die historische Kulturmetropole Mindelo.

# SÃO VICENTE

(134–135 C–E 4–5) (*m* D–E 4–5) **75 000 Bewohner, davon fast 70 000 in Min-**

**delo – das ist São Vicente. Mindelo ist Hauptstadt und Lebensnerv der Insel, der Rest ist eigentlich Nebensache.**
Die 227 km$^2$ Land sind so staubtrocken wie die flachen Wüsteninseln, denn selbst der höchste Berg (Monte Verde, 774 m) ist nicht hoch genug, um feuchtigkeitsspendende Passatwolken aufzuhalten. Außerhalb Mindelos gibt es nicht viel mehr als braunrote Bergmassive und weit ausladende, wüstenhafte Täler, in denen kaum etwas wächst. Aus diesem Grund wurde São Vicente erst viel später

Das Denkmal vor dem Torre de Belém erinnert an den Kapverden-Entdecker Diogo Afonso

besiedelt als die anderen Inseln. Zwar diente der gut geschützte Hafen im Lauf der Jahrhunderte immer wieder Piraten als Unterschlupf, doch eine Ortschaft entstand erst 1794. Die paar Menschen, die in Baía das Gatas, Calhau und São Pedro leben, bleiben die meiste Zeit unter sich. Nur am Wochenende beleben sich die Dorfstraßen und Strandbars mit Erholung suchenden Städtern. An der Südwest- und Ostküste finden Sie kleine Buchten mit weißem Saharasand – ein reizvoller Kontrast zu den dunklen Klippen.

## SEHENSWERTES

### CALHAU (135 E4) (*Ⓜ E4*)

18 km südöstlich von Mindelo liegt Calhau (450 Ew.). Das verschlafene Dorf wird am Wochenende lebendig: Tagsüber vergnügt man sich am Strand, abends in den Bars und Restaurants. Musik, Lachen, Motordröhnen und laute Wortgefechte erfüllen die Luft. Am Sonntagabend ist der Spuk wieder vorbei.

### MINDELO ★ (135 D4) (*Ⓜ D4*)
### KARTE IM HINTEREN UMSCHLAG

Mindelo ist nach Praia die zweitgrößte Stadt der Kapverden. Die 4 km weite Bucht eines versunkenen Vulkankraters schützt den recht großen und dennoch pittoresken Ort. Im Osten thront die Festung *Fortim d'el Rei* auf einem ☆ Hügel, im Westen wacht der *Monte Cara* – ein Felsen, dem Wind und Wetter die Form eines Menschengesichts verliehen haben.

Protzige Jeeps und Designer-Sonnenbrillen demonstrieren, dass in der Stadt Geld zu machen ist, auch für Angehörige der schnell wachsenden Mittelschicht.

Adrett gekleidete Büroangestellte und Kleinunternehmer gehören in Mindelo zum Stadtbild, sie mildern ein wenig die extremen Gegensätze zwischen reichen Finanzjongleuren und verlotterten Habenichtsen. Denn die Hafenmetropole lockt alle, die hoffen – auf hohe Profite, auf Arbeit, auf Geld für den nächsten *grogue*. Vor 150 Jahren strömten britische Einwanderer, kreolische Sklaven und Seeleute aus aller Welt in die plötzlich aufstrebende Stadt und schufen eine dynamische, kosmopolitische Mixtur. Kneipen und Rotlichtviertel entstanden, eine eigene Kultur mit unverwechselbaren Musikstilen wie *morna* und *coladeira* wurde geboren. Das musikalische und architektonische Erbe aus dieser Zeit begründet den Ruf Mindelos als Kulturmetropole der Kapverden noch heute.

Nirgendwo sonst auf den Kapverden gibt es so viele Bauwerke im Kolonialstil. Prunkvolle Regierungsgebäude und stuckverzierte Herrenhäuser säumen schattige Plätze und die breite Uferstraße *Avenida Amílcar Cabral*. Sogar ein verkleinerter Nachbau der Lissabonner *Torre de Belém* aus den 1820er-Jahren ist zu bewundern. Auf dem Fischmarkt daneben herrscht geschäftiges Treiben zwischen Ständen mit glitzerndern Fischleibern und exotischen Meeresfrüchten. Auch gegenüber sitzen Händlerinnen mit Fischen, Obst und Gemüse, Bonbons und Zigaretten.

100 m weiter in Richtung Hafen beginnt die *Rua Lisboa*. Hier schlägt das Herz der Stadt. In zahlreichen kleinen Cafés und Geschäften herrscht vormittags reger Betrieb. In der historischen Markthalle blicken Sie von der Galerie im Obergeschoss, wo sich Geschäfte und Kneipen befinden, hinunter auf Berge von Obst und Gemüse. Nur ein paar Schritte entfernt befinden sich das *Rathaus* (1873) und die Kirche *Nossa Senhora da Luz* (1863) sowie der klassizistische rosafarbene *Gouverneurspalast*. Alteingesessene altmodische Pensionen und schicke neue Hotels gibt es in der Geschäftsstraße *Avenida 5 de Julho*. Sie führt zur *Praça Nova*, der beliebtesten Flaniermeile der

**MARCO POLO HIGHLIGHTS**

# SÃO VICENTE

Stadt. Auf den Parkwegen rund um einen stuckverzierten Jugendstilpavillon trifft man sich am Abend zum Sehen und Gesehenwerden, und ● sonntags flanieren hier einheimische Familien im Festtagsstaat zur Musik einer Blaskapelle. Der Kontrast zwischen nostalgisch angehauchtem kolonialem Flair und verspiegelten Neubaufassaden ist nur einer von vielen: In Mindelo prallt Arm auf Reich, leben Intellektuelle und Künstler neben Bettlern und Säufern, trifft der Wirtschaftsmogul mit Luxusyacht auf den Schuhputzer. Die wachsende Mittelschicht betrachtet es mit kosmopolitischer Gelassenheit.

### MONTE VERDE 🌿 (135 D4) (ΩD4)

Vom Gipfel hat man an klaren Tagen einen herrlichen Blick auf die Hafenbucht von Mindelo. Oft sieht sogar Santo Antão und die unbewohnten Inseln *Santa Luzia, Branco* und *Razo* zu sehen. Von Mindelo aus geht es in Richtung Baía das Gatas, nach 5 km zweigt ein Weg zum *Naturpark Monte Verde* ab. In weiten Schleifen führt er hinauf zum Hochplateau.

### SÃO PEDRO (134 C5) (ΩD4)

Eine Handvoll würfelförmiger, pastellfarbener Häuschen, eine Bar und ein paar Läden: São Pedro (800 Ew.) ist ein verträumtes, stilles Fischerdorf. Nur einen Katzensprung entfernt vom Flughafen liegt es unterhalb zweier Bergflanken an der Südwestküste. Der weiße Sandstrand bietet je nach Wind und Wetter tolle Bedingungen zum Surfen oder Baden, mitunter jedoch nur zum Spazierengehen.

### VULCÃO VIANA 🌿 (135 E5) (ΩE4)

Der erdgeschichtlich noch junge Vulkan liegt etwa 3 km südlich von Calhau. Die Erosion konnte ihm noch nicht viel anhaben – seine vulkanischen Gesteinsstrukturen sind sehr schön zu erkennen.

## ESSEN & TRINKEN

Viele Restaurants und Cafés außerhalb Mindelos öffnen nur am Wochenende.

### 003

Winzig, dunkel und gut versteckt: Seit 1998 gibt es bei Sr. Dani Mittagstisch, der täglich etwas anders, aber immer gut ist. Unbedingt probieren sollten Sie die besten *pasteis de natas* (mit Pudding gefüllte Blätterteigtörtchen) von Mindelo! Der Inhaber spricht Englisch. *Mo–Sa | Mindelo | Rua António Aurelio Gonçalves 3 | Tel. 2 31 48 82 | €*

### ARCHOTE

Immer wieder zu Recht empfohlen. Internationale Küche, regionale und landestypische Speisen. Fr und Sa Livemusik. *Tgl. | Mindelo | Alto São Nicolau | Rua Irmãs do Amor de Deus | Tel. 2 32 39 16 | €€*

### PASTELARIA BETTENCOURT

Hier essen die Einheimischen: täglich wechselnder Mittagstisch, lecker und preiswert. **INSIDER TIPP** Rechtzeitig erscheinen, nach 13 Uhr ist es immer voll! *Mo–Sa | Mindelo | Avenida da República 27 | Tel. 2 31 28 44 | €*

### CENTRE CULTUREL FRANÇAIS

Das Café im französischen Kulturzentrum ist eine Oase der Ruhe. Im schattigen Innenhof können Sie Kuchen, herzhafte Snacks oder das Tagesgericht genießen. *Mo–Sa mittags | Mindelo | Rua de Santo António 1 | Tel. 2 32 11 49 | €*

### CHAVE D'OURO

Nostalgischer Charme zwischen weißen Tischdecken in der ersten Etage der gleichnamigen Pension. Besonders gut sind hier die Fischgerichte. *Tgl. | Mindelo | Alto São Nicolau | Av. 5 de Julho | Tel. 2 32 70 50 | €*

### LE FLOSTEL

Leider etwas versteckt, doch die Suche lohnt sich: Hier gibt es die beste Pizza der Stadt in zahlreichen Varianten. Beliebt bei Einheimischen. *Tgl. | Mindelo | Alto São Nicolau | Tel. 2 31 43 20 | €*

### GAUDI

Ungarisches Gulasch, Hühnchenbrust in Honig und weitere auf Kap Verde unübliche Gerichte stehen zur Auswahl, aber auch lokale Spezialitäten. Jeden Abend Livemusik. Das gleichnamige Hotel *(10 Zi. | €–€€)* in der Etage darüber ist modern, sauber und zentral gelegen. Kostenloses WLAN. *Tgl. | Mindelo | Rua Senador Cruz 5 | Tel. 2 31 89 54 | www. hotelgaudimindelo.com | €*

### CAFÉ LISBOA

Klein, dunkel, traditionsbewusst – das ist der Ort, wo die Mindelenses seit Jahrzehnten am Vormittag ihren Kaffee nehmen. *Mo–Sa mittags | Mindelo | Rua de Lisboa | €*

### CASA MINDELO

Treffpunkt für Gäste aus aller Welt, mit einer großen Auswahl an Kuchen, Sandwiches, Hauptgerichten und Desserts sowie wechselnder Tagessuppe und Mittagstisch. Wie in einer WG wohnt man im Obergeschoss in vier gemütlichen Zimmern *(€€)* mit Gemeinschaftsbad, Küche, Wohnzimmer und Terrasse. *Mo–Sa | Mindelo | Praça Dom Luís | Tel. 2 31 87 31 | www.casacafemindelo.com | €€*

### PASTELARIA MORABEZA

Frisches Brot und eine reichhaltige Auswahl an Kuchen und anderem Gebäck sowie **INSIDER TIPP** knusprige, lecker belegte Sandwiches machen dieses Café zum idealen Ort für einen Snack zwischendurch. *Tgl. | Mindelo | Av. Baltazar Lopes da Silva 25*

Dank seiner Lage und trotz seiner Größe ist Mindelo ein malerischer Ort

## INSIDER TIPP ▶ SANTO ANDRÉ

Feinschmecker aufgepasst! Nach seiner Pensionierung erfüllte sich der Schwede Per einen Traum und eröffnete ein Restaurant auf Kap Verde. Das Team besteht neben seiner Frau aus sieben Leuten, Chefkoch ist Etienne aus Burkina Faso. Seine ausgewählten Speisen gibt es zwischen 12 und 15 Uhr oder zum Abendessen, sonntags z. B. ein Spanferkel vom Grill. *Di–So | São Pedro | gegenüber Hotel Foya Branca | Tel. 2 31 51 00 u. 9 71 17 65 | €*

## EINKAUFEN

### INSIDER TIPP ▶ CAPVERTDESIGN + ARTESANATO

Hier gibt es wirklich alles, was auf Kap Verde an traditionellem und modernem Kunsthandwerk fabriziert wird – zum Schauen und Kaufen. *Mindelo | Rua da Luz | www.capvertdesign.com*

### CENTRO CULTURAL DE MINDELO ●

CDs, kapverdisches Kunsthandwerk, z. B. Batiken des Künstlers Sota Coronel, Keramik, Puppen etc. *Mindelo | Av. Amílcar Cabral*

## HARMONIA

Alles, was Kap Verde an Musik zu bieten hat inklusive Beratung und Reinhören: CDs aller kapverdischen Musikstile und -richtungen. *Mindelo | Rua Gov. Calheiros, nahe Praçinha d'Igreja*

## FREIZEIT & SPORT

In Mindelo gibt es den einzigen Yachthafen (145 Liegeplätze) der Kapverden *(www.marinamindelo.com).* Wer nicht mit dem eigenen Boot kommt, kann hier auch eine Yacht chartern oder einen Mitsegeltörn buchen *(www.BoatCV. com, www.trend-travel-yachting.com).* Taucher und Surfer mit eigener Ausrüstung können vor der Küste bei São Pedro ihrer Leidenschaft frönen, und Kite- und Windsurfing ist auch am Strand unweit des Fischerdorfs Salamansa möglich. Ola und Marc (englischsprachig) von *Kitesurf Now (Tel. 9 87 19 54 | www.kitesurfnow. eu)* bieten einen Lehrgang oder auch nur die notwendige Ausrüstung an.

Ausflüge auf São Vicente und zu den Nachbarinseln können Sie bei *Cabo Verde Safari (Tel. 2 32 90 44 u. 9 91 15 44 | www. caboverdesafari.com)* buchen.

# HEISSE STEINE

Die Kapverden sind die über dem Meeresspiegel liegenden Spitzen gigantischer unterseeischer Vulkangebirge. Sie entstanden vor 135 Mio. Jahren. Die drei östlichen Inseln kamen vor rund 26 Mio. Jahren zur Ruhe, die westlicheren Inseln falteten sich weiter auf – bis sie fast 3000 m Höhe erreichten. Der einzige heute noch aktive überirdische Vulkan befindet sich auf Fogo. Beim letzten Ausbruch 1995 konnten sich die Bewohner noch zu Fuß in Sicherheit bringen, bevor die glühende Lava das Land, Gebäude und die Straße unter sich begrub. Der imposante Schildvulkan des Pico do Fogo ist gleichzeitig der höchste Berg der Kapverden. Die eindrucksvollsten Einsturzkrater besitzen die Chã das Caldeiras auf Fogo (9 km Durchmesser), der unterseeische Krater des Hafens in Mindelo (4 km) und auf Santo Antão die Cova do Paúl (800 m).

Hotspot für Sonnenanbeter und Strandläufer ist die Praia Grande

## STRÄNDE

Tolle Strände zum Spazierengehen gibt es rund um die Insel. Zum Baden sind aufgrund der starken Brandung und gefährlicher Strömungen allerdings nur wenige geeignet. Wie immer gilt: Den Schatten müssen Sie in Form von Schirm oder Strandmuschel selbst mitbringen!

### BAÍA DAS GATAS (135 D4) (ⓜ E4)

12 km östlich von Mindelo liegt der beliebteste Badestrand der Insel – und der berühmteste der Kapverden. Jedes Jahr im August pilgern Zehntausende zum Festival Baía das Gatas, das für seine guten Musiker und mitreißende Stimmung bekannt ist. Von bis ins Meer reichenden Vulkanfelsen abgeschirmt, bildet die halbrunde Bucht eine weit gestreckte, windgeschützte Lagune. Der Strand zieht sich flach bis weit ins Meer, von einer langen Steinmole aus springen Schwimmer in die kühlen Fluten.

### PRAIA DE LAGINHA (135 D4) (ⓜ D4)

Am 2014 verbreiterten Stadtstrand von Mindelo kann es schon mal richtig voll werden. Folgen Sie der Uferstraße bis zum Hafen, dann immer geradeaus. Kinder sollten hier beim Baden unter ständiger Aufsicht sein.

### PRAIA DO NORTE/PRAIA GRANDE (135 D–E4) (ⓜ E4)

Die beiden Strände liegen südlich der Baía das Gatas in einer Bucht, die sich bis zur Landzunge von Calhau erstreckt. Schön zum Sonnenbaden und Spazierengehen; Strömungen machen das Schwimmen gefährlich.

### PRAIA DO SÃO PEDRO (134 C5) (ⓜ D4)

Langer Strand mit feinem, weißem Sand. Ideal für Surfer, denn fast immer sorgt starker Wind für hohe Brandung. Baden kann man nur bei ruhiger See an der Westseite.

Auch das gehört zu einem Kapverden-Urlaub: eine *noite caboverdeana*

## AM ABEND

Nachtleben in Mindelo heißt Livemusik! In fast allen Restaurants spielen an bestimmten Tagen zum Abendessen bei den sogenannten ● *noites caboverdeanas* Solokünstler oder Bands. Wo wann wer auftritt, erfahren Sie in den Hotels, der Touristeninformation oder per Handzettel. Auch im *Centro Cultural de Mindelo (Av. Amílcar Cabral | Alfândega Velha | Tel. 2 31 52 90)* und im *französischen Kulturzentrum (Rua de St° António | Tel. 2 32 11 49)* gibt es regelmäßig Konzerte – achten Sie auf Plakate. (Nur) am Wochenende geht danach die Party in den Diskotheken weiter. Vor Mitternacht ist niemand da, und richtig voll wird es erst zwischen zwei und drei.

### PAVILHÃO

Am Wochenende tobt spätabends rund um den historischen Pavillon auf der Praça Nova das Leben – hier trifft man sich, um anschließend die Kneipen, Bars und Diskotheken rundum unsicher zu machen. Donna Joya bewirtet ihre Gäste beim Leuteschauen mit kalten Getränken. Probieren Sie einen ● *grogue novo* oder **INSIDER TIPP** *pontche de tambarina (Tamarindenlikör)*! *Tgl. | Praça Nova*

### BAR PONT' ÁGUA ● ☼

Auf einer Liege im Schatten neben dem Pool mit Blick auf den Yachthafen schmeckt ein Cocktail oder das einheimische Bier vom Fass gleich doppelt gut. Aus der Brasserie nebenan kann man sich ein Sandwich, Crêpe oder Kuchen bringen lassen, und wer möchte, geht im Pool schwimmen *(400 CVE)*. *Tgl. | Pont d' Água | Av. da República*

### CAFÉ ROYAL

An traditioneller Stelle, aber in neuem Gewand: das Musikcafé, in dem Cesária Evora ihre Karriere begann. Schick renoviert ist es heute wieder ein Platz, wo die

### DON PACO

Das moderne, gut ausgestattete Hotel mit zwölf Suiten und 32 Zimmern bietet ein gutes Preis-Leistungs-Verhältnis. *Mindelo | Rua Christiano de Sena Barcelos | Tel. 2 31 93 81 | www.donpacohotel.com | €€*

### RESORT HOTEL FOYA BRANCA

10 km von Mindelo entfernt: Ferienanlage mit sechs Bungalows, zwölf Suiten und 56 Zimmern in einer 3 ha großen Gartenanlage direkt am Strand. Drei Pools, Tennisplatz, Restaurant. `INSIDER TIPP` Sonntags großes Mittagsbuffet und Poolbenutzung auch für Nicht-Hausgäste. *São Pedro | Tel. 3 20 74 00 | www.foyabranca.com | €€€*

### `INSIDER TIPP` KIRA'S BOUTIQUEHOTEL

Hier muss man sich wohlfühlen! Die zehn geschmackvoll dekorierten Zimmer und die einladenden Gästebereiche, die zuvorkommende Aufmerksamkeit der Besitzerin sowie der freundliche Service machen einen Aufenthalt in Mindelo zum Vergnügen. Mit großer ☀ Dachterrasse zum Sonnen und Entspannen. *7 Zi. | Mindelo | Rua da Argélia 24 | Tel. 2 30 02 74 | www.kirashotel.com | €€*

### `INSIDER TIPP` MANUEL BRITO

Die vier Zimmer der Privatunterkunft liegen im Wohnhaus des deutschsprachigen Vermieters Sr. Manuel. Die Gäste teilen sich zwei Badezimmer und eine kleine Küche. Tolles Frühstück! *Mindelo | Rua Dr. Medeiros 41b | Tel. 2 31 18 51 u. 9 92 65 78 | €*

### MARAVILHA ☀

Zwölf große Zimmer mit Bad und eine Suite in einer herrschaftlichen Villa über dem Porto Grande. Guter Service. *Mindelo | Alto São Nicolau | Tel. 2 32 00 94 | gabs@cvtelecom.cv | €€*

Musik den Ton angibt – jeden Abend live. Tagsüber schätzen die Gäste vor allem das kostenlose WLAN. Moderne, komfortable Zimmer bietet das angeschlossene Hotel *(8 Zi. | Tel. 9 94 18 85 | €€)* im Obergeschoss. *Tgl. | Rua Lisboa*

### SIRIUS

Großer Tanztempel über mehrere Ebenen. Viel junges Publikum, das nicht vor 2 Uhr eintrifft. House und Techno, ab und zu gemixt mit kapverdischer Musik. *Fr/Sa | Rua Camões, nahe Praça Nova*

### ÜBERNACHTEN

### BELEZA

Kleines und gepflegtes Hotel, sauber und komfortabel, mit Internetcafé im Erdgeschoss. 21 Zimmer mit Klimaanlage, Minibar, Telefon. Guter, freundlicher Service. Sehr ruhig, aber nur fünf Fußminuten vom Zentrum entfernt. *Mindelo | Rua Oficinas Navais | €*

# SANTO ANTÃO

### INSIDER TIPP ▶ MIMAGUI ☀

*Residêncial* mit acht geräumigen und hübsch eingerichteten Apartments mit eigener Terrasse, Klimaanlage und TV, sowie Blick über den Hafen. Sr. Jorge spricht Englisch und kümmert sich vorbildlich um seine Gäste. Tolles Preis-Leistungs-Verhältnis. *Mindelo | Alto São Nicolau | Tel. 2 32 79 53 | www.residencial mimagui.com | €€*

### MINDELO RESIDENCIAL

Nett eingerichtetes *residêncial* mitten im Zentrum. Sehr freundliches Personal, phantastisches Frühstück. Die **INSIDER TIPP ▶** Zimmer 101 und 102 haben Fenster zum Hof und sind schön leise. *11 Zi. | Mindelo | Rua São João 6 | Tel. 2 30 08 63 | €€*

### OÁSIS ATLÂNTICO PORTO GRANDE HOTEL

Renommiertes Vier-Sterne-Haus, das erste am Platz. Pool, Restaurant, Schattenterrasse, Disko. Nach Vereinbarung auch für Nicht-Hotelgäste ● traditionelle balinesische oder Fußreflexzonenmassage. *48 Zi., 2 Suiten | Mindelo | Praça Amílcar Cabral | Tel. 2 32 31 90 | www. oasisatlantico.com | €€€*

### SOLAR WINDELO

Für jeden Bedarf das Passende: drei Suiten, zwei Studios mit Kochgelegenheit und zwei Schlafzimmer, alle mit Bad, Safe und Ventilator. Schöne Frühstücksterrasse, sehr freundlicher Service. *Mindelo | Alto Santo António | Tel. 2 31 00 70 | www.windelo.com | €*

### AUSKUNFT

*Kiosk Tourinfo* in *Mindelo (Mo–Fr 9–13 u. 15–18.30, Sa 9–14 Uhr | gegenüber vom Hafen).* Auch Reiseführer, Wander-, Telefon- und Postkarten, Briefmarken.

# SANTO ANTÃO

*(134–135 A–D 1–4) (ⓜ B–D 2–4)* **Der Lebensnerv von Santo Antão ist die Straße. Kein Wunder, bei diesen Bergen! Wie senkrechte Finger stechen sie in die Luft, rechts und links zerklüftete Erosionstäler und schwindelerregende Abgründe.**

In diesem Gelände eine Straße zu bauen ist ein Abenteuer. Vor 50 Jahren entstand die Pflasterstraße quer über die Insel, und Ende 2008 wurde auch die Route entlang der Ostküste fertig. Die ☀ schönste aller Strecken auf Kap Verde führt vom Ankunftshafen Porto Novo quer hinüber zur Inselhauptstadt Ribeira Grande, 1400 m die Berge hinauf, 1400 m wieder hinunter. Ab dort folgt das verkehrstechnische Wunderwerk der Küste, 5 km nach Ponta do Sol im Nordwesten, 10 km nach Cidade das Pombas im Südosten. An der Verlängerung nach Porto Novo wurde viele Jahre lang gebaut. Durch sie ist der fruchtbare Nordostteil der Insel, wo die meisten der 43 000 Insulaner wohnen, viel schneller zu erreichen.

Haupterwerbsquelle ist der Zuckerrohranbau. Zuckerpressen und Destillen rundum zeigen, was aus den schlanken, hohen Stängeln gemacht wird: der berühmte *grogue* von Santo Antão – wie man sagt, der beste des Archipels. *Grogue* ist ebenso elementar wie die Straße und der Export von Zuckerrohrschnaps für Santo Antão früher wie heute existenziell. Immer bedeutender wird der Individualtourismus, vor allem das Wandern. Dafür ist Santo Antão bestens geeignet: Der 1979 m hohe *Tope de Coroa* ist nach dem Pico do Fogo der zweithöchste Berg der Kapverden, die Insel selbst ein einziges kolossales Gebirgsszenario. Alte gepflasterte Maultierpfade überziehen in Serpentinen die 779 m² große Insel. Im nordöstlichen Hochland liegt auf 1170 m Höhe die Cova do Paúl, ein eindrucksvoller vulkanischer Einsturzkrater von 800 m Durchmesser. Von dort bis hinunter zum Meer zieht sich das tropische Tal Ribeira do Paúl.

## SEHENSWERTES

### CIDADE DAS POMBAS (135 D1) (⌘ D2)

An der Nordostküste, 10 km entfernt von Ribeira Grande, liegt Cidade das Pombas (1300 Ew.). Der Ort ist der Hauptort des Bezirks Paúl und liegt als Endpunkt der Ribeira do Paúl in deren Mündungsdelta am Meer. Steile Felsen reichen hinunter bis zur Bucht mit ihrem schmalen Kieselstrand. Kopfgroße, schwarze Steine werden von der heftigen Brandung klickernd abgeschliffen. Die starke Strömung macht das Baden gefährlich. Hinter der einzigen bunten Häuserreihe rascheln Kokospalmen im Wind. Im östlichen Ortsteil befinden sich die öffentlichen Gebäude: die 1885 erbaute *Kirche,* das *Rathaus* und die Krankenstation. Auf einem Berg über dem Ort wacht die *Statue* des Ortsheiligen Santo António.

### COVA DO PAÚL ★ ☼
(134 C2) (⌘ D2)

Vom Rand des kreisrunden Einsturzkraters hat man bei klarem Wetter in Richtung Nordosten einen fantastischen Blick über die ganze Länge der Ribeira do Paúl bis hinunter zum Meer. Im Südwesten liegt Ihnen der Krater zu Füßen. Besonders eindrucksvoll ist es, wenn die Wolken über den gezackten Rand in den Krater fließen.

### DELGADIM ☼ (134 C1) (⌘ D2)

Auf der alten Pflasterstraße zwischen Porto Novo und Ribeira Grande liegt eine aufsehenerregende Engstelle. Rechts

Typisch für die Nordinseln sind die strohgedeckten Natursteinhäuschen

und links der Fahrbahn fallen die Felsen Hunderte von Metern fast senkrecht in die Tiefe. Auf der einen Seite sehen Sie in die Ribeira Grande, auf der anderen die Ribeira de Torre, die Ribeira de Duque sche *Kirche* mit ihren beiden Seitentürmen. Ponta do Sol ist ein angenehm ruhiges und beschauliches Städtchen, in dem Urlauber dennoch alles finden, was sie brauchen.

Idyll in Pastell: die farbenfrohen Häuser an der Avenida de 5 de Julho in Ribeira Grande

und die beeindruckende Felswand von Orgãos.

### PONTA DO SOL ⭐ (134 C1) (*M D2*)

Auf einer flachen Landzunge im äußersten Norden, dem nördlichsten Punkt des gesamten Achipels, liegt Ponta do Sol (2100 Ew.). Zwei Straßen führen vom Hauptplatz hinunter zu einem kleinen Hafen, der von einer kurzen Mole notdürftig geschützt wird. Er wird seit der Gründung von Porto Novo nur noch von Fischern benutzt und dient als Treffpunkt, z. B. für ● *Oril*-Spieler. Im Ortszentrum stehen rund um einen weiträumigen Platz das gelb renovierte *Rathaus* (1882), die ehemalige *Krankenstation* mit ihrer mächtigen Freitreppe und die katholi-

### PORTO NOVO (134 C3) (*M D3*)

Im Südosten der Insel liegt der Hafenort Porto Novo (9500 Ew.). Hier legen die Fähren aus Mindelo an. Sie verkehren täglich und verwandeln den sonst beschaulichen Ort in einen geschäftigen Handelsplatz. In den letzten Jahren wurde der Hafen ausgebaut und modernisiert, nun können auch Kreuzfahrtschiffe hier einlaufen. Eine Straße führt vom Hafen in den Ortskern, wo linkerhand unter ein paar Akazien bunte Fischerboote am kleinen, schwarzen Sandstrand liegen. Trotz seiner Bedeutung als Hafenstadt und als größter Ort auf Santo Antão wächst die touristische Attraktivität von Porto Novo nur schleppend: Die meisten Besucher fahren nach ihrer Ankunft gleich mit einem der zahlreich am Hafen wartenden ● *aluguers* auf die andere Seite der Insel.

**RIBEIRA GRANDE ★ (134 C1) (*🗺 D2*)**
Die Hauptstadt der Insel liegt im Mündungsbereich der beiden Täler Ribeira Grande und Ribeira da Torre. Die Stadt (2500 Ew.) ist geschäftiger Treffpunkt für Einheimische und Touristen, die hier eine ganze Reihe von Geschäften, Restaurants und Pensionen vorfinden. Die *Avenida de 5 de Julho* führt in den Ort und wird von pastellfarbenen Handelshäusern aus der Kolonialzeit in verschiedenen Stadien der Renovierung oder des Verfalls gesäumt. Im Ortskern liegt der Hauptplatz *Praça Nossa Senhora do Rosário* mit der gleichnamigen katholischen Kirche. Schmale Seitenstraßen mit holprigem Pflaster münden von dort in ein Knäuel verwinkelter Gassen mit kleinen Läden und Handwerksbetrieben. Lebhafter Höhepunkt der Woche ist der Freitagabend – dann scheint der ganze Ort auf den Beinen zu sein.

**RIBEIRA DO PAÚL ★**
**(134 C1–2) (*🗺 D2*)**
Der grünste Ort auf Kap Verde: Auf jedem Zentimeter Boden gedeihen Gemüse oder Zuckerrohr, dazwischen Kokospalmen, haushohe Papayapflanzen und Bananenstauden. Riesige Mango- und Brotfruchtbäume bieten Schatten und flüstern im Wind. Ganze sechs Kilometer schlängelt sich der Taleinschnitt vom Cova-Krater bis hinunter zum Meer, das sind rund 1000 Höhenmeter Unterschied! Vom flechtenbewachsenen Nebelwald über Bananen- und Kaffeeplantagen bis zu Palmenhainen und wogenden Zuckerrohrfeldern gibt es vieles zu sehen, und das reichlich vorhandene Wasser plätschert in Bächen, Auffangbecken und Kanälen das ganze Jahr über. Auf halber Höhe liegt der Ort *Passagem*. Eine von leuchtend blauen Jacaranda- und pinkfarbenen Bougainvilleasträuchern beschattete Oase beherbergt ein ehemaliges Schwimmbad, das nun langsam verfällt.

**TARRAFAL DE MONTE TRIGO**
**(134 A3) (*🗺 B3*)**
Auf der Westseite von Santo Antão liegt die 10 km breite Bucht von Tarrafal de Monte Trigo (1000 Ew.). Um das grüne, wasserreiche Paradies zu erreichen, müssen Sie eine rund dreistündige Fahrt über eine abenteuerliche Piste auf sich nehmen. Am Ziel belohnt Sie der schwarze Lavastrand dafür mit idealen Badebedingungen. Das Meer ist meist ruhig, denn die hohen Berge schützen die Bucht optimal vor Wind. Ein Ort zum Relaxen, Entspannen, Naturbeobachten.

## LOW BUDG€T

Es lohnt sich, eine der vielen ambulanten Verkäuferinnen, die ihre Plastikboxen auf dem Kopf durch die Straßen balancieren, anzuhalten und zu schauen, was sie anzubieten hat. Oft sind es *pasteis* oder *rissois* (kleine frittierte Pasteten, 5–15 CVE/ Stück), und manchmal entdeckt man leckeren selbst gebackenen Kuchen zum kleinen Preis.

Das Essen ist preiswert und gut und ebenso der Hauswein (Glas oder Karaffe), doch das *Chave d'Ouro (tgl. | Av. 5 de Julho/Rua Lisboa | 1. Etage)* in Mindelo ist auch zum Übernachten eine sehr günstige Adresse. Aber Achtung: In der obersten Etage hat es schon Einbrüche gegeben!

## ESSEN & TRINKEN

### A BEIRA MAR ✺

Bei Donna Fátima gibt es ausgezeichnete Tagesgerichte, deren Preis unschlagbar ist. Auch ihr Residencial *(€)* mit zehn Zimmern mit Bad, einer Terrasse und schönem Hafenblick ist empfehlenswert. *Tgl. | Ponta do Sol | Rua Central | Tel. 2 25 10 08 | €*

### CANTINHO DE AMIZADE

Der gute Ruf eilt dem Restaurant seit Jahren voraus, doch die Preise hinken hinterher. Genießen Sie Fisch und Meeresfrüchte, Salate, Omelettes oder Spaghetti in der Snackbar, im Restaurant oder im INSIDER TIPP▶ schönen, schattigen Patio. *Tgl. | Ribeira Grande | Rua Padre Fernando Barreto | Tel. 2 21 13 92 | €*

### O VELEIRO

Fangfrischer Fisch direkt über dem tosenden Meer. Regionale Küche, sehr guter Kaffee. Am Wochenende oft Livemusik. *Tgl. | Ponta do Sol | am Hafen | €€*

### VONY

Klein, aber oho! Das, was aus dem Ozean in diesem kleinen, schlichten Restaurant ganz frisch aufgetischt wird, ist große Klasse. Außerdem: viele regionale Likörspezialitäten. *Tgl. | Ponta do Sol | Tel. 9 92 19 27 | €€*

## EINKAUFEN

### EKI EKO

Jede Menge Kunsthandwerk und Schmuck verschiedener Künstler, kapverdische Musik, regionale Spezialitäten, große Auswahl an Postkarten (inklusive Briefmarken) und Wanderkarten. Marie France stellt selber Lampen und andere Accessoires aus Bananenrinde, Schmuck aus Naturmaterialien sowie allerlei andere hübsche Souvenirs zum Mitnehmen her. *Ponta do Sol*

### CHEZ SANDRO

In Cabo da Ribeira, ganz oben in der Ribeira do Paúl, gibt es Kunsthandwerk, Kaffee aus der Nachbarschaft und vielerlei selbst gemachte Liköre aus heimischem *grogue.* Außerdem stehen fünf Gästezimmer und ein Schlafsaal (mit Gemeinschaftsbad) bereit – Bergpanorama inklusive. *Tgl. | Cabo da Ribeira | Tel. 2 23 19 41 | sandro_lacerenza@yahoo.fr*

## FREIZEIT & SPORT

Beim Tauchen oder Schnorcheln sind vor der Küste Tarrafals nicht nur kunterbunte Fische, Langusten und Muränen, sondern mit etwas Glück auch ein Manta oder ein Wal zu sehen! Profitaucher David Mückli *(Santo Antão Scuba Diving | Tel. 9 51 42 66 | www.caboverdescubadiving. com)* nimmt auch blutige Anfänger mit unter Wasser.
*Cabo Verde Bikes (Ponta do Sol | Tel. 9 82 50 59)* vermietet Mountainbikes und organisiert Mountainbiketouren. Abholung in Porto Novo möglich. Auch neben der *Casa Espongeiro* können Sie bei Besitzer Alain *(Espongeiro | Tel. 9 81 15 26 | casaespongeiro@gmail.com)* Mountainbikes inklusive Zubehör ausleihen. Mindestleihdauer ein Tag, Tranfers der Bikes in andere Orte möglich.

## STRÄNDE

Die Küste von Santo Antão ist schroff, mit vorgelagerten Riffen und Felsen – auch unter Wasser. Starke Strömungen und heftige Brandung machen das Schwimmen gefährlich. Es gibt wenige Badestrände, wo sich auch unkundige Besucher unbesorgt ins Wasser wagen können.

**PRAIA DE ESCORALET** (134 C3) *(ω D3)*
Im Osten von Porto Novo (ca. 25 Fuß-minuten) liegen drei kleine Buchten mit schwarzem Sandstrand. Am Wochenende beliebt für Familienausflüge, denn hier können auch Kinder sicher baden.

**PRAIA DE TARRAFAL** (134 A3) *(ω B3–4)*
Der lang gestreckte, sichelförmige Sand- und Kiesstrand unterhalb des Dörfchens Tarrafal de Monte Trigo ist ein Traum. Einige Bäume spenden etwas Schatten. Im östlichen Teil der Bucht reichen die Felsen bis ans Meer, bizarre Grotten und Höhlen sind entstanden. Sie setzen sich unter Wasser fort und bilden ein fischreiches Schnorchel- und Tauchrevier.

## WANDERN

Die Insel bietet eine reiche Auswahl an Wanderrouten in unterschiedlichstem Gelände. Gebirgsschluchten, Tropentä-ler, die Steilküste, Wald- und Vulkanland-schaften ermöglichen anspruchsvolle Aufstiege ebenso wie gemächliche Spa-ziergänge. Die meisten Wanderungen sind auf gut erhaltenen Eselspfaden im Alleingang möglich, z. B. die von der Ori-entierung her einfachen Touren durch die Ribeira do Paúl oder von Cruzinha nach Ponta do Sol. Nur Geübte sollten kom-pliziertere Strecken mit Abzweigungen allein gehen. In der einsamen westli-chen Hochebene ist ein Wanderführer jedoch unverzichtbar! Wenden Sie sich an **INSIDER TIPP** Hetty Guddens *(Cidade das Pombas | Tel. 9 55 39 09 | hetty.gud dens@gmail.com),* eine hervorragende und Deutsch sprechende Wanderführe-rin, oder an Jean Jacques Neves *(Ponta do Sol | Tel. 9 99 54 52 | residencialpsol@ cvtelecom.cv).* Er spricht Englisch, Franzö-sisch und Portugiesisch.

Wild und zerklüftet präsentiert sich die Küste von Santo Antão

Zum kühlen Getränk gibt es in vielen Lokalen Ponta do Sols den Blick auf das Alltagstreiben dazu

### CRUZINHA – PONTA DO SOL
(134 B–C3) (𝄞 C–D2)

Eine der eindrucksvollsten Wanderungen auf Santo Antão dauert etwa fünf Stunden und führt zwölf Kilometer bergauf und bergab an der Küste entlang. Gute 500 Höhenmeter sind zu überwinden. Das Licht- und Farbenspiel sowie die gigantischen Steinformationen lohnen jedoch die Anstrengung! Sie verlassen Cruzinha in westlicher Richtung und folgen dem zunächst recht ebenen Pfad vorbei an einem Fußballplatz und bizarrem Erosionsgestein, um den steilen Zickzack-Abstieg zum verlassenen Dorf Aranhas in Angriff zu nehmen. Danach führt Sie der Klippenweg durch das Dörfchen Forminguinhas nach Corvo, wo Sie in der *Pontinha de Giada (auf dem Dach steht „Cold Drinks" | Tel. 2 25 11 68)* kalte Getränke erstehen und die Toilette benutzen können. Anschließend geht es zum Dorf Fontainhas, das hoch oben auf einer Felsnase klebt, und dann weiter nach Ponta do Sol.

## AM ABEND

### ATELIER BAR

Die kleine Bar am Platz vor der Gesundheitsstation bietet leckere *pontches* (z. B. **INSIDER TIPP** *pontche de maracuja*), Snacks und Hauptgerichte. Beliebt bei jungen Einheimischen. *Tgl. | Cidade das Pombas*

### CANTINHO DE GATO PRETO

Das gemütliche, kleine Restaurant ist nicht ganz preiswert, aber sehr gut. Sonntags und mittwochs gibt es Livemusik – schwingen Sie das Tanzbein! *Tgl. | Ponta do Sol | Strandpromenade*

### POR DO SOL ARTE

Drinnen wie draußen sitzt es sich hier äußerst gemütlich. Und eigentlich trifft man immer jemanden für einen Plausch oder sogar, um gemeinsam Musik zu machen. Auch das Abendessen ist zu empfehlen. *Tgl. | Ponta do Sol | Strandpromenade*

### SRRÉ NEGRA
Wochenenddisko, die ab Mitternacht rappelvoll ist. Hier wird die Nacht durchgetanzt! *Ribeira Grande | hinter der Kirche*

## ÜBERNACHTEN

### CECÍLIO ☕
In malerischer Lage gegenüber vom azurblauen Ozean vermieten Cecílio und seine Frau Dirce sechs helle, saubere Zimmer mit eigenem Bad, Meerblick und leckerem Frühstück. Eigener Fahrdienst von und nach Porto Novo. *Ponta do Sol | Tel. 2 25 14 75 | €*

### CASA ESPONGEIRO ☕
Nettes Gästehaus mit Panoramablick auf 1370 m Höhe, nahe dem Covakrater, mit sechs Zimmern verschiedener Standards. Idealer Ausgangspunkt für (Esels-)Wanderungen. *Espongeiro | Tel. 9 81 15 26 | casaespongeiro@gmail.com | €*

### CASA DAS ILHAS
Hübsche Anlage im tropisch grünen Paúl-Tal mit neun Zimmern für eine bis sechs Personen. Fünf Zimmer mit eigenem Bad, die anderen teilen sich zwei Duschen und drei Toiletten (alle mit Warmwasser). Die Besitzerinnen sprechen auch Deutsch. Zehn Minuten Fußweg, Gepäckabholung möglich. *Ribeira do Paúl | Tel. 2 23 18 32 | casadasilhas@yahoo.fr | €€*

### ALDEIA JEROME
Bunte, moderne Häuschen, umgeben von einer netten Außenanlage: Terrasse, Spielplatz, Dachterrasse. *6 Zi., 1 Suite | Cidade das Pombas | Tel. 2 23 21 73 | www.aldeiajerome.it.gg | €€*

### ALDEIA MANGA ☘
Fünf ökologische Lehm- und Natursteinhäuser in idyllischer Berglandschaft, 50 m Fußweg vom letzten Autostopp. 5000 m² großer Garten mit Obstbäumen, Schwimmteich, Internet. Halbpension auf Wunsch. *Cidade das Pombas | Tel. 2 23 18 80 | www.aldeia-manga.com | €€*

### INSIDER TIPP ▶ MAR TRANQUILIDADE
Einfacher Komfort in bezaubernder Umgebung: Mit viel Liebe zum Detail haben Susi und Frank ein kleines Paradies aus strohgedeckten Natursteinhäuschen und verwinkelten Schattenterrassen direkt am Meer geschaffen. Ein kathedralenartiger Anbau vervollständigt das Ensemble. Oft ausgebucht, deshalb unbedingt reservieren! Abendbuffet mit kapverdisch-europäischer Küche vom Feinsten. Langzeitgäste sind willkommen. *Tarrafal de Monte Trigo | Tel. 2 27 60 12 | www.martranquilidade.com | €*

### MARINA DE TARRAFAL
Mitten im Dorf, aber abseits von allem Trubel wohnt man bei Tomás aus Spa-

Auf einer Felsnase drängen sich die Häuschen von Fontainhas

nien in einem kleinen Bungalow mit eigener Terrasse. Der Chef kocht auf Bestellung. Tolles Frühstück. *4 Zi. | Tarrafal de Monte Trigo | Tel. 2 27 60 78 | www.marinadetarrafal.com | €*

### PAÚL MAR ☄

Modernes, komfortables Hotel direkt am Meer. Zentral gelegen, mit TV und Klimaanlage. Die Zimmer mit Meerblick sind laut, aber romantisch; in den Zimmern mit Talblick wohnen Sie etwas ruhiger. *19 Zi. | Cidade das Pombas | Tel. 2 23 23 00 | €€*

### SANTANTÃO ART RESORT

70 Zimmer und drei Suiten in modernem Vier-Sterne-Hotel mit Süßwasserpool und Tennisplatz. Schwarzer Lavastrand direkt vor der Tür, diverse Wander- und Freizeitangebote. *Porto Novo | Tel. 2 22 26 75 | www.santantao-art-resort.com | €€*

### SONAFISH

Einfache Pension im abgelegenen Fischerdörfchen Cruzinha, direkt am Meer. Zwei Zimmer verfügen über ein eigenes Bad. Mit Restaurant und Fahrservice. Sr. João spricht Deutsch, ist aber nicht immer da: Er wohnt einen Teil des Jahres in Hamburg. *10 Zi. | Cruzinha | Tel. 2 26 10 27 | €*

### INSIDER TIPP ▸ KASA TAMBLA

Liebevoll dekorierte Zimmer mit unterschiedlicher Ausstattung, eine Minute vom pittoresken Hafen. Leckeres Frühstück im schattigen Patio, Bibliothek, WLAN gratis, Ausflugstipps etc. *7 Zi. | Ponta do Sol | Tel. 2 25 15 26 | kasatambla @gmail.comv | €€*

## AUSKUNFT

Infokiosk in *Porto Novo (Mo–Fr 10–17 Uhr | oberhalb des Hafens)*

# SÃO NICOLAU

(136–137 C–F 3–5) (ᗘ H–K 5–7) **Viele sagen, São Nicolau sei die kleine, unscheinbare Schwester von Santo Antão.** Die Insel ist nicht so groß, die Berge sind nicht so hoch, die Täler nicht so tief, die Küste nicht so schroff. Doch zumindest eine sehr eigene Form hat die 346 km² große Insel: Der Westen hat die gleichen Umrisse wie der afrikanische Kontinent, der Ostteil ist eine lang gezogene, schmale Landzunge. Noch gilt São Nicolau als Geheimtipp, denn auch der Tourismus ist noch nicht so weit entwickelt wie auf der großen Schwesterinsel. Es gibt nur zwei größere Orte – die Hauptstadt Ribeira Brava im Nordosten und den Hafenort Tarrafal im Südwesten. Dort wohnt die Hälfte der rund 13 000 Inselbewohner. Der lang gestreckte Ostteil ist heute kaum noch besiedelt.

São Nicolau ist mit seiner imposanten Bergwelt interessant für Wander- und Entdeckungsreisende und hat im Südwesten kilometerlange Strände. Diese Kombination gibt es auf keiner anderen Insel. Im Südwesten dominiert trockenes, verbranntes Land das Bild. Die Wolken bleiben auf der Nordostseite des Monte Gordo (1312 m) und der umliegenden Bergkette hängen; deren Ausläufer sind grün und fruchtbar. Zuckerrohr, Gemüse und tropische Früchte wachsen dort auf der Lavasohle Fajã de São Nicolau.

## SEHENSWERTES

### CARBERINHO ★ ☄ (136 C3) (ᗘ H6)

Einer der schönsten Plätze des Archipels: Bizarr ausgewaschene Gesteinsformationen bieten im Tosen der Brandung einen spektakulären Anblick. Von Tarrafal aus fahren Sie in Richtung Praia Branca, bis auf der rechten Seite ein Wasserspeicher und 100 m weiter links ein Hinweisschild zu sehen sind. Folgen Sie den Reifenspuren, lassen Sie oben auf dem Hügel den Wagen stehen, und wandern Sie zu den Klippen hinunter. Am besten, Sie heuern einen Mietwagen mit Fahrer an.

### JUNCALINHO (137 E3) (*ω J6*)
An der Nordseite der östlichen Landzunge liegt das hübsche Dorf (400 Ew.). Der kleine Ort mit Häuschen in traditioneller Bauweise liegt an einer malerischen Felsküste. Die aus Naturstein errichtete *Capela da Sagrada Família* wurde 1960 gebaut. Einige Fußminuten vom Ort Richtung Nordosten formen die Felsen der Küste **INSIDER TIPP** natürliche, zum Baden ideale Meeresschwimmbecken.

### PRAIA BRANCA (136 C3) (*ω H6*)
Rubinrot, flaschengrün, aquamarinblau: Das schmucke Dorf (500 Ew.) mit den farbenfrohen Häuschen schmiegt sich in den Talgrund und zieht sich in steilen, verwinkelten Gassen bergan. Windschiefe Treppen und Pfade führen in versteckte Winkel und idyllische Hinterhöfe. Nordwestlich von Tarrafal an der Küste.

### PREGUIÇA ☀ (137 D4) (*ω J6*)
Das beschauliche Fischerdorf Preguiça (600 Ew.) an der Ostküste bietet eine herrliche Aussicht auf das östliche Halbrund der Bucht. Die Straße führt hinab zum Meer und lenkt den Blick auf gelbe und blaue ziegelgedeckte Häuschen hoch über dem Meer. Eine Hafenmole ist zu erkennen, die Dorfkirche und bunte Boote am schwarzen Strand. Am Ende der Kaimauer steht die Ruine des Zollhauses von 1890. An die historische Bedeutung des Orts erinnern die kanonenbestückte Ruine eines Forts und ein Denkmal für den Entdecker Brasiliens, Pedro Alvares Cabral, der im Jahr 1500 hier vor Anker ging.

### RIBEIRA BRAVA ★ (137 D3) (*ω H6*)
Aus Furcht vor Piraten verließen 1693 die Bewohner die Küstensiedlung Porto

Gelegenheit zur Einkehr: katholische Kirche an der Straße zwischen Tarrafal und Ribeira Brava

da Lapa und gründeten im Landesinneren den Ort Ribeira Brava. Die heutige Hauptstadt (2000 Ew.) liegt in 200 m Höhe in einem weiten, von einem mächtigen Flussbett durchschnittenen Tal. Kolonialarchitektur zeigt sich in einigen gut erhaltenen Handelshäusern sowie in der Kathedrale *Nossa Senhora do Rosário*. 1866 wurde am hiesigen Bischofssitz ein Priesterseminar gegründet, das jahrzehntelang die brillantesten Denker des Archipels anzog, bis es 1917 von der portugiesischen Regierung geschlossen wurde. Das Gebäude in der Rua Seminário auf der Südseite des Flusses wurde von Dr. Júlio José Dias (1805–73) gestiftet. Seine Büste thront auf dem Hauptplatz *Praça do Terreiro*. Dort stehen rund um einen kleinen Park die Kathedrale, das historische Schulhaus (heute die öffentliche Bibliothek) sowie einige zweistöcki-

ge Kolonialhäuser. In den angrenzenden Straßen gibt es zahlreiche Geschäfte und Handwerksbetriebe sowie eine Handvoll Restaurants und Pensionen. Gegenüber der Kirche führt eine Gasse zu einer kleinen Grünfläche vor dem Postamt (WLAN gratis), noch ein paar Schritte weiter liegt ein Park mit Platanen und Jacarandabäumen neben dem tief ausgewaschenen Flussbett.

### TARRAFAL (136 C4) (*ω* H6)

Der heißeste Ort auf São Nicolau ist Tarrafal (3700 Ew.). Hier dreht sich alles um den Hafen. Fischerboote und Kutter landen ihren Fang an, Kühlhäuser und eine Fischfabrik ermöglichen dessen Weiterverarbeitung. Manchmal haben auch Frachtschiffe eine Ladung zu löschen. Die Fähre von Praia nach Mindelo legt hier einen Zwischenstopp ein und manchmal

Anlaufstelle für Fischerboote, Kutter und Kreuzfahrtschiffe: der Hafen von Tarrafal

sogar ein Kreuzfahrtschiff. Beim Bummel durch den schachbrettartig angelegten Ortskern gibt es ein paar architektonisch reizvolle Bauten zu entdecken. An der Strandpromenade sitzen alte Männer und debattieren, Kinder und Teenies baden am schwarzen Sandstrand.

## ESSEN & TRINKEN

### BELA SOMBRE DALILA

Donna Netinha ist Spezialistin für einheimische Gerichte *(cachupa, modje, xerém)* und traditionelle Süßigkeiten. *Tgl. | Ribeira Brava | vom Hauptplatz in der Straße rechts an der Kirche vorbei | Tel. 2 35 18 30 | €*

### ESPLANADA ROTXA SCRIBIDA

Den sehr guten und dabei preiswerten Mittagstisch *(prato do dia)* und andere Gerichte lassen Sie sich auf einer kleinen Schattenterrasse mit Blick auf die bunten Boote am Hafen schmecken. Freitagabends wird Livemusik gemacht. *Tgl. | Tarrafal | Tel. 2 36 11 58 | €*

### FELICIDADE

Versteckt im nördlichen Teil des Dorfs, aber mittels Durchfragen gut zu finden. Die Stammgäste kommen seit 20 Jahren. Große Auswahl an einheimischen Fisch- und Fleischgerichten. *Mo–Sa | Tarrafal | Tel. 2 36 11 58 | €*

### CAFÉ DA LAPA

Tolle traditionelle Gerichte zu unschlagbaren Preisen. Kündigen Sie Ihren Besuch zwei Stunden vorher an. *Tgl. | Ribeira Brava | nahe Pensão Jardim | Tel. 2 35 11 36 | €*

### HOME RESTAURANT MARIA DO CEU

Nach Vorbestellung kocht Donna Maria auch für Gäste, die nicht bei ihr wohnen, einheimische und internationale Gerich-

Die besten Restauranttipps haben wie überall die Einheimischen parat

te. Sie vermietet auch ein gemütliches Zimmer *(€)* mit Bad und ☀ Dachterrasse mit tollem Blick auf Küste und Hafen. *Preguiça | Tel. 2 35 15 82 | €*

## EINKAUFEN

### INSIDER TIPP ▶ LOJA NO. 3

In der Markthalle auf der linken Seite hat Donna Chia ihren kleinen Laden. Selbst gemachte Marmeladen und Liköre in allen möglichen Geschmacksvarianten, selbst gemachte Süßwaren (z. B. *dolce de leite,* ein sehr leckeres Milchkonfekt) etc. *Ribeira Brava | Mercado Municipal*

## STRÄNDE

Schöne Badestrände liegen an der Westküste der Insel sowie in der halbrunden Bucht im Südosten *(Carriçal, Preguiça).* Schatten gibt es fast nirgendwo, ebenso wenig eine touristische Infrastruktur.

### PRAIA DE BARRIL (136 C4) (*H6*)

Kurz vor der Westspitze der Insel liegt dieser weite Sandstrand bei einer Handvoll Häuschen – dem Ort Barril. Auch einen solarbetriebenen Leuchtturm gibt es hier. Zum Baden, Faulenzen, Spazierengehen.

### PRAIA DE CARRIÇAL (137 F4) (*K6*)

Sehr weitab gelegen an der Südostküste befindet sich der hübsche, kleine Dorfstrand von Carriçal mit schwarzem Sand, den Sie über Juncalinho erreichen. Akazien spenden Schatten, Kokospalmen wiegen sich im Wind, bunte Fischerboote dümpeln in den Wellen.

### PRAIA FRANCÊS (136 C4) (*H6*)

Von Tarrafal aus geht es auf der Straße in Richtung Norden, bis ein Schild nach links weist: Die Praia Francês liegt zwischen der Praia da Luz und der Praia de Barril und ist ein zum Baden wunderbar geeigneter Küstenabschnitt mit feinem Sand.

### PRAIA BAIXO ROCHA (136 C4) (*H6*)

Mit Abstand der schönste Strand der Insel: heller Sand, türkisblaues Meer und sogar etwas Schatten zwischen den Felsen. Zu erreichen ab Tarrafal in Richtung Krankenhaus, dann rechts ausgeschildert.

### WANDERN

São Nicolau bietet zahlreiche interessante Berg- und Küstenwanderrouten. Die Landschaftsformen auf dieser Insel sind ebenso unterschiedlich wie vielfältig: Fruchtbar grüne Waldgebiete und karge Gebirgszüge ohne jede Vegetation wechseln sich ab mit schwindelerregenden Steilküsten … Toi D'Armanda (*Rotxa Skribida | Tarrafal | Tel. 2 36 18 27 u. 9 94 51 46 | www.hikingsao nicolau.com*) ist ein erfahrener und kompetenter Wanderguide, der sich nicht nur bestens auskennt, sondern auch bei allem hilft, was organisiert werden soll: Unterkunft, Transfers, Ausflüge etc. Er

Kicken, plauschen, gucken: Feierabendstimmung in Tarrafal

spricht Englisch, Portugiesisch und etwas Französisch.

### MONTE GORDO ⚜ (136 C3) (⌖ H6)
Zum Naturpark Monte Gordo gelangen Sie von Cachaço aus. Ein gepflasteter Weg führt 600 m hinauf. Sie wandern durch einen lichten, nebelverhangenen Mischwald und bestaunen endemische Pflanzen und riesige Drachenbäume. Der Aufstieg dauert etwa drei Stunden.

### RIBEIRA FUNDA (137 D3) (⌖ H5)
Eine leichte Wanderung von etwa zwei Stunden führt von Estância Bras zum verlassenen Dörfchen Ribeira Funda. Sie fahren mit dem Sammeltaxi auf der Straße von Ribeira Brava nach Tarrafal bis zu einer der beiden Abzweigungen nach Estância Bras. Von dort führt jeweils ein gepflasterter Pfad entlang der majestätischen Steilküste zur *Ribeira de Camarões*. Nach einem letzten Bergrücken kommen die Häuschen von Ribeira Funda in Sicht.

### RIBEIRA DA PRATA ★ ⚜
(136 C3) (⌖ H5–6)
Diese Schlucht dürfen Sie sich nicht entgehen lassen! Ungeübte Wanderer erreichen sie am besten von Ribeira da Prata aus. Mehr Kondition und Orientierungssinn erfordert die wunderschöne Wanderung ab Canto de Fajã: Nach etwa 250 m Aufstieg nach Assomada geht es in weiten Bögen ca. 700 m über Cruzinha steil hinunter nach Ribeira da Prata.

## AM ABEND

### GOLFINHO
Das maritim dekorierte Café bietet tagsüber eine schön schattige Terrasse, wo man preiswert und gut essen kann, und freitags und samstags Partytime! Es geht spät los, aber dafür bis zum Morgen. WLAN gratis. *Tgl. | Tarrafal | Telha*

## ÜBERNACHTEN

### ALICE
15 Zimmer, fast alle mit Bad, einige mit Klimaanlage, andere mit Deckenventilator. Im Erdgeschoss befindet sich das gleichnamige Restaurant *(tgl. | €)*, wo Donna Alice einheimische Gerichte auftischt. *Tarrafal | an der Uferstraße | Tel. 2 36 11 87 | €*

### HOTEL BELA SOMBRA
Neu, sauber und mitten im Zentrum gelegen: 20 moderne Zimmer mit eigenem Bad, Klimaanlage und TV, Internet- und Wäscheservice. Sr. Santos organisiert auch Inselausflüge. *Ribeira Brava | Tel. 2 35 18 30 | €*

### INSIDER TIPP ▶ JARDIM ⚜
Am Hang gelegene Pension mit acht Zimmern. Gutes Restaurant *(€)* mit großer Dachterrasse und tollem Panoramablick. Donna Chia kümmert sich hervorragend um ihre Gäste. *Ribeira Brava | Chãzinha | Tel. 2 35 11 17 | pensaoresidencialjardim@ hotmail.com | €*

### SANTO ANTÓNIO
Moderne und saubere Unterkunft. Zimmer mit Bad und Klimaanlage, zentral gelegen. Das Restaurant *(€–€€)* serviert deftige kapverdische Küche. Die Spezialität des Hauses ist *cabrito* (Ziege). *13 Zi. | Ribeira Brava | Praça do Terreiro | Tel. 2 35 22 00 | pensaosantoantonio@ hotmail.com | €*

### CASA TARTARUGA/CASA PARDAL ♲
Auf einer Klippe über dem Meer: Zwei gut ausgestattete Ferienhäuser mit Garten, Schattenterrassen, Schwimmsteg, Natursteinbackofen, Grill, Solarstrom u. a. laden ein zum Urlauben in völliger Ruhe. *Carriçal | Ponta da Cruz | Tel. 2 35 12 13 | www.saonicolau.de | €€*

# ERLEBNISTOUREN

## ① DIE KAPVERDEN PERFEKT IM ÜBERBLICK

**START:** ❶ Flughafen auf Boavista
**ZIEL:** ❶ Flughafen auf Boavista

**11 Tage**
reine Fahrzeit
25 Stunden

**Strecke:**
🔄 1390 km

**KOSTEN:** 1500 Euro pro Person (Fahrtkosten, Unterkunft, Verpflegung)
**MITNEHMEN:** Badesachen, Wanderschuhe, Sonnenschutz

**ACHTUNG:** ❽ **Praia:** Ausflug und Inselrundfahrt mit João Ganeto *(Tel. 9 56 52 86)*
⓴ **Ponta do Sol:** Wanderführer vermittelt Hetty Guddens → S. 91.

Jede Insel ist einzigartig! Erleben Sie die kunterbunten Facetten der Kapverden beim Inselhopping im Uhrzeigersinn von den Ost- über die Süd- zu den Nordinseln.

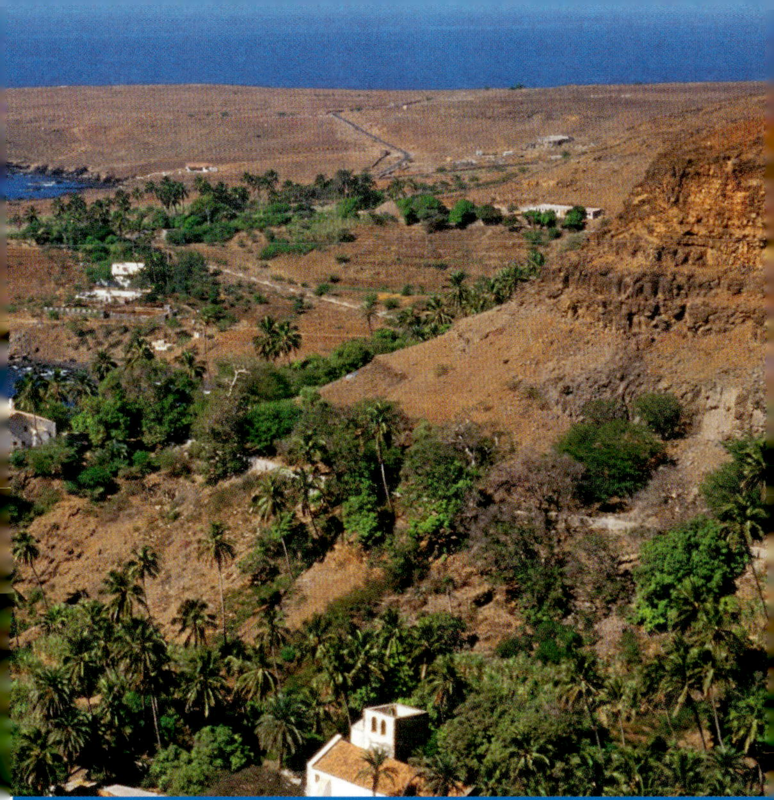

Jeder Zipfel dieser Erde hat seine eigene Schönheit. Wenn Sie Lust haben, die einzigartigen Besonderheiten dieser Region zu entdecken, wenn Sie tolle Tipps für lohnende Stopps, atemberaubende Orte, ausgewählte Restaurants oder typische Aktivitäten bekommen wollen, dann sind diese maßgeschneiderten Erlebnistouren genau das Richtige für Sie. Machen Sie sich auf den Weg und folgen Sie den Spuren der MARCO POLO Autoren – ganz bequem und mit der digitalen Routenführung, die Sie sich über den QR-Code auf S. 2/3 oder die URL in der Fußzeile zu jeder Tour downloaden können.

Ihr internationaler Flug endet am ❶ **Flughafen auf Boavis-ta → S. 41**. Mit dem Taxi geht es in Ihre Unterkunft für die nächsten beiden Nächte: ❷ **Orquidea → S. 47** in Sal Rei. Nach dem Einchecken spazieren Sie in fünf Minuten zum ❸ **Praia de Estoril → S. 46**, wo nach einem Bad im Atlantik der **Boavista Social Club → S. 46** zum Sundowner lädt.

Im Mietwagen fahren Sie heute nach **Rabil → S. 43** und statten der ❹ **Töpferei** (*Mo–Fr 9–13 u. 15–17 Uhr*) einen Besuch ab, bevor Ihr Weg Sie **Richtung Estância Bras** führt

TAG 1

❶ Flughafen Boavista

6 km

❷ Orquidea

0,5 km

❸ Praia de Estoril

TAG 2

9 km

❹ Töpferei

3 km

**1**

40 km
24.8 mi

2780
Ilha de Santo Antão
Ponta do Sol
Cruzinha da Garca
68
1979
Ponta da Sinagoga
Vila do Pôrto Novo
Tarrafal
Ilha de São Vicente
São Pedro
Mindelo
Ilhéu Branco
Ilhéu Raso
2487

1260

Ponta Norte
Pedra Lume
Palmeira
Ilha do Sal
Santa Maria
2513
79

Ilha de Santa Luzia
Ilha de São Nicolau
Vila de Ribeira Brava
Tarrafol
Carrical
Ponta Grande
3544

I l h a s   d e   B a r l a v e n t o

Vila de Sal-Rei
Curral Velho
Gata
Fundo de Figueiras
Ilha da Boa Vista
Ponta Tarafo

3731
3621
3120

A r q u i p é l a g o   d e   C a b o   V e r d e

Ponta Morela
Tarrafal
Santo António
Ilha de Maio
Pedra Badejo
Santa Catarina
Vila do Maio

Porto dos Mosteiros
Ilha de Fogo
Pico do Fogo
Ilhéus Secos/
Ilhéus do Rombo
Vila Nova Sintra
São Filipe
Cova Figueira
Ilha Brava
2829
Porto Mosquito
Ribeira Grande
Ilha de Santiago
**Praia**
4784
660
2000
3760
4140

I l h a s   d e   S o t a v e n t o

O C E A N O   A T L Â N T I C O

Brasil

---

**5** Des. de Viana — 3 km

**6** Sodade Di Nha Terra — 8 km

**7** Sal Rei

**TAG 3** — 160 km

**8** Praia

mit dem Ziel **5 Deserto de Viana → S. 42**. Ein Spaziergang durch die Dünen sorgt für Wüstenfeeling! **Zurück in Rabil** speisen Sie im **6 Sodade Di Nha Terra → S. 45** zu Mittag, bevor es wieder nach **7 Sal Rei → S. 43** geht. Beim Stadtbummel reservieren Sie einen Tisch fürs Dinner im **Blu Marlin → S. 44**. Der Nachmittag gehört dem Strand: Schwimmen, Spazierengehen und im **Buccaneers Beach Kite & Surf Center** (www.buccaneersbeach.fr) Sport treiben: (Kite-)Surfen, SUP, Kayaking oder Bodyboard?

Das Flugzeug bringt Sie nach **Santiago → S. 55**, ein Taxi in die Hauptstadt **8 Praia → S. 57**, wo Sie im **Jardim do Vinho → S. 63** Quartier nehmen. Das historische Zentrum

**Plateau → S. 58** mit dem quirligen Gemüsemarkt, hübschen Straßencafés und dem **Museu Etnográfico → S. 58** ist nicht weit entfernt. Im **5al da Música → S. 62** gleich um die Ecke genießen Sie bei Livemusik Ihr Abendessen.

Heute fahren Sie mit dem Taxi nach ❾ **Cidade Velha → S. 56**. Beim Spaziergang durch den Weltkulturerbe-Ort wandeln Sie auf den Spuren von Francis Drake, Vasco da Gama und Charles Darwin. Nach einem Mittagessen mit Meerblick ist Ihr nächstes Ziel **Rui Vaz → S. 59**. Ihre Berglodge ❿ **Quinta da Montanha → S. 64** liegt auf 800 m Höhe inmitten eines herrlichen Bergpanoramas. Hier bleiben Sie zwei Nächte. Ein Spaziergang in der Umgebung macht Appetit auf das reichhaltige Buffet in der Lodge.

Am nächsten Tag bringt Sie Ihr Taxi zunächst nach ⓫ **Assomada → S. 56**, wo mittwochs und samstags wegen des Markts Riesentrubel herrscht. Durch die bis zu 1000 m hohen Berge des Naturschutzparks **Serra Malagueta → S. 59** fahren Sie nach ⓬ **Tarrafal → S. 59**. Nach einer Abkühlung im Meer stärken Sie sich im **Baía Verde → S. 60** für die rund zweistündige **Rückfahrt entlang der felsigen Ostküste,** auf der Kunstinteressierte noch einen Stopp bei den ⓭ **Rabelados → S. 24** in Espinho Branco einlegen.

Ein zwanzigminütiger Flug bringt Sie nach **Fogo → S. 64**. In ⓮ **São Filipe → S. 67** checken Sie für die folgenden zwei Nächte in der **Casa Beiramar → S. 70** ein, bevor Sie das Städtchen erkunden. In der **Markthalle** kaufen Sie für das morgige Picknick ein, bevor es Zeit für das kapverdisch-senegalesische Abendessen in **Pipi's Bar → S. 68** ist.

Auf der Inselrundfahrt mit dem Taxi **folgen Sie der Ringstraße Richtung Norden** und legen beim Meeresschwimmbecken von ⓯ **Ponta da Salina → S. 69** einen Badestopp ein. **Weiter geht es nach Mosteiros → S. 66. Fahren Sie von João António aus in Richtung Pedra Aguda ein, zwei Kilometer in die Berge,** um mitten in den ⓰ **Kaffeeplantagen** zu picknicken. **Danach geht es über Mosteiros und Cova Figueira nach Achada Furna, wo Sie die Ringstraße verlassen und Richtung Norden fahren,** um der faszinierenden Vulkanlandschaft ⓱ **Chã das Caldeiras → S. 64** auf 1700 m Höhe einen Besuch abzustatten. Nach einem Spaziergang in den Lavafeldern lassen Sie sich **zurück in São Filipe** am Abend im gemütlichen Patio des ⓲ **Tropical → S. 68** kulinarisch verwöhnen.

**TAG 8**

388 km

**⑲ Mindelo**

**TAG 9**

58 km

**⑳ Ponta do Sol**

5 km

**㉑ Ribeira Grande**

5 km

**㉒ Kasa Tambla**

**TAG 10**

13 km

**㉓ Delgadim**

16 km

**㉔ Mulheres Transformadoras de João Afonso**

12 km

**㉕ Vony**

**TAG 11**

58 km

**㉖ Centre Culturel Français**

254 km

**❶ Flughafen Boavista**

**Mit einem Zwischenstopp auf Santiago** fliegen Sie nach **São Vicente → S. 77**. Nehmen Sie ein Taxi nach ⑲ **Mindelo → S. 78**, der quirligen Kulturhauptstadt der Kapverden. Sie erleben aufregende Gegensätze: prächtige Kolonialarchitektur neben abbruchreifen Gebäuden, schicke Boote im Yachthafen und arme Schlucker, die auf der Straße schlafen. Eine *noite caboverdeana*, z. B. im **Café Royal → S. 84**, ist ein Muss, bevor Sie sich im Hotel **Dom Paco → S. 85** zur Ruhe begeben.

Die Morgenfähre nach **Santo Antão → S. 86** geht schon um 8 Uhr. Eine Stunde später legen Sie in **Porto Novo → S. 88** an. Ein *aluguer* chauffiert Sie nach ⑳ **Ponta do Sol → S. 88**. Ein Spaziergang führt Sie **die Hauptstraße hinauf zum Kirchplatz.** Unterwegs erstehen Sie in den Läden **Genuine → S. 19** und **Eki Eko → S. 90** ausgefallene Souvenirs. **Vor der Ladenzeile** fahren die *aluguers* nach ㉑ **Ribeira Grande → S. 89** ab. Dort angekommen erkunden Sie die kleinen Gassen und Geschäfte und essen in der **Cantinho de Amizade → S. 90** zu Mittag. **Danach spazieren Sie die Küstenstraße zurück nach Ponta do Sol,** wo Sie heute und morgen in der Nähe des winzigen Hafens in der Pension ㉒ **Kasa Tambla → S. 94** übernachten.

Für den heutigen Tag bestellen Sie im Hotel ein Picknick zum Mitnehmen und engagieren einen Wanderführer, der Sie mit Pflanzen, Landschaften und Menschen bekannt macht. Gemeinsam fahren Sie mit dem Taxi **die alte Passstraße hoch** bis zum atemberaubenden Aussichtspunkt ㉓ **Delgadim → S. 87** und anschließend **weiter hinauf nach Espongeiro. Am Abzweig nach Lagoa** beginnt Ihre Wanderung durch die herrliche Berglandschaft **bis João Afonso.** Dort kosten und kaufen Sie hausgemachte Marmeladen und Liköre der Frauenkooperative ㉔ **Mulheres Transformadoras de João Afonso. Sie spazieren weiter Richtung Coculi** und lassen sich unterwegs Ihr Picknick schmecken. **In Coculi besteigen Sie ein *aluguer*, das Sie über Ribeira Grande nach Ponta do Sol zurückbringt,** wo Sie zum Dinner bei ㉕ **Vony → S. 90** einkehren.

Per Sammeltaxi geht es **zurück nach Porto Novo,** und dort nehmen Sie die Morgenfähre **nach São Vicente.** In **Mindelo** genießen Sie die Ruhe und einen Snack im schattigen Patio des ㉖ **Centre Culturel Français → S. 80**, bevor es Zeit wird, ins Taxi zu steigen, um den Rückflug zum ❶ **Flughafen auf Boavista** anzutreten.

## SANTIAGO: ZEITREISE 500 JAHRE ZURÜCK

| | | |
|---|---|---|
| **START:** ❶ Praia | | **8 Stunden** reine Gehzeit |
| **ZIEL:** ⓫ Sucupira | | 2 Stunden |
| Strecke: ⬌ **34 km** | leicht ⏹ **Höhenmeter: 200 m** | |

**KOSTEN:** 80 Euro für zwei Personen (Taxi, Eintritt, Verpflegung)
**MITNEHMEN:** Feste Schuhe mit Profilsohle, Wasser, Sonnenschutz

**ACHTUNG:** ❶ **Praia:** Bestellen Sie das Taxi am besten über die Rezeption Ihres Hotels.
Die Wanderung führt anfangs steil bergab und zum Teil durch gerölliges Gelände.

Cidade Velha auf Santiago war die erste europäische Siedlung auf afrikanischem Boden und ist seit 2009 Unesco-Weltkulturerbe. Wandern Sie durch ein grünes Tropental zu dem Ort, wo einst Vasco da Gama und Francis Drake an Land gingen.

**09:00** Mit dem Taxi fahren Sie von ❶ **Praia → S. 57** zum ❷ **Fortaleza Real de São Filipe.** Im **Informations-zentrum** *(tgl. 9–18 Uhr | Eintritt 500 CVE)* kaufen Sie ein Billett zur Besichtigung aller Monumente auf dieser Tour, und machen hier gleich den Anfang, während Ihr Taxi wartet. Einige Schautafeln erklären, welche Gebäudereste Sie vor sich haben und wozu sie einmal dienten. Oben auf der Festungsmauer haben Sie eine tolle Aussicht.

Das Taxi bringt Sie nun nach ❸ **Calabaceira**, wo die Wanderung beginnt: **Gegenüber der Kirche führt links**

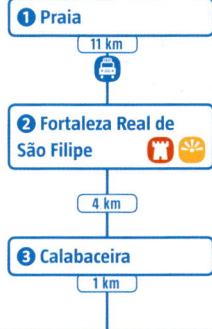

❶ Praia

11 km

❷ Fortaleza Real de São Filipe

4 km

❸ Calabaceira

1 km

An der Rua Banana scheinen die letzten 500 Jahre fast spurlos vorübergegangen zu sein

**❹ Ribeira Grande** 🌳

2 km

**❺ Convento de São Francisco** 🏛

0,5 km

**❻ Rua Banana** 🏛

0,5 km

ein Staubpfad zum Weg ins Tal ❹ **Ribeira Grande**. **Erst 200 m steil bergab und dann auf ebener Strecke** wandern Sie die Schlucht hinab und erleben raschelndes Zuckerrohr, sich wiegende Palmen und bunte Eisvögel. **Sie folgen dem ausgetrockneten Bachbett nach links** und passieren zwei gigantische, mehrere Hundert Jahre alte Baobabs. Nach etwa zwei Stunden erreichen Sie die ersten Ausläufer von **Cidade Velha → S. 56**.

Zu Ihrer Rechten liegt ein wenig versteckt das ❺ **Convento de São Francisco**. **Um dorthin zu gelangen, steigen Sie auf der rechten Seite des Bachbetts einige Stufen zu einem Staubpfad empor, wählen nach etwa 70 m den rechten Abzweig, und erklimmen einige Dutzend Steinstufen.**

Nach Ihrer Visite **steigen Sie wieder hinab, wenden sich nach rechts und folgen dem Pfad, bis Sie auf einen ausgetrockneten Zulauf des Bachbetts stoßen. Dort geht es hinunter, auf der anderen Seite wieder hinauf, und auf einer Mauer spazieren Sie nach links. Unmittelbar nachdem die Mauer eine Kehre nach rechts macht, verlassen Sie sie – dies ist nur zur rechten Seite hin möglich – und laufen quer über Stock und Stein nach schräg rechts (etwa „13 Uhr", wenn Sie auf der Mauer in Laufrichtung stehen).**

**Nach rund 40 m erreichen Sie das Ende der** ❻ **Rua Banana**, der ältesten Straße des Archipels mit winzigen Häuschen. Von hier aus sehen Sie schon die Kirche **❼ Nossa Senhora do Rosário**, das älteste katholische Gotteshaus außerhalb Europas. **Einige historische Steinstufen führen hinunter zu einer Parallelstraße der Rua Banana. Sie folgen ihr nach rechts und gelangen so zur Hauptstraße. Am Hauptplatz** finden Sie den **❽ Pelourinho** (Pranger), wo einst Gesetzesbrecher bestraft und Sklaven verkauft wurden.

**13:00** Im **❾ Penedinho → S. 61**, dem linken der beiden Restaurants vorne am Meer, essen Sie mit wundervoller Aussicht zu Mittag. Probieren Sie die Spezialität des Hauses, die **INSIDER TIPP** Fischsuppe mit Reis (caldo de peixe). Solchermaßen gestärkt **folgen Sie der Straße rechts hinaus aus dem Ort.** Nach rund 200 m sehen Sie die Ruine der Kathedrale **❿ Sé Catedral** auf der linken Seite, zwischen deren Mauer- und Säulenresten Sie umherspazieren können.

**15:30** **Halten Sie an der Straße ein aus dem Ort kommendes** *aluguer* **an und vergewissern Sie sich vor dem Einsteigen, dass es nach Praia fährt.** Am Endhaltepunkt **⓫ Sucupira → S. 58** in Praia finden Sie ein Taxi zurück zu Ihrem Hotel.

❼ Nossa Senhora do Rosário 🏛

0,5 km

❽ Pelourinho 🏛

0,5 km

❾ Penedinho 🍴 ❊

0,5 km

❿ Sé Catedral 🏰

13 km

🚌

⓫ Sucupira 🚌

**③**

# FOGO: AUSFLUG IN DIE MOND-LANDSCHAFT

**START:** ❶ São Filipe
**ZIEL:** ❶ São Filipe

**8 Stunden**
reine Gehzeit
2 Stunden

Strecke:
↔ 75 km

leicht
📶 Höhenmeter: ca. 150 m

**KOSTEN:** 120 Euro für 2 Personen (Fahrtkosten, Verpflegung)
**MITNEHMEN:** Wanderschuhe, Sonnenschutz, Wasser, Picknick

**ACHTUNG:** ❶ São Filipe: Bestellen Sie das Taxi am besten über die Rezeption Ihres Hotels.
❸ Naturpark Fogo: Der Aufstieg an der Kraterwand ist anfangs sehr steil, wird dann jedoch moderater.

**Erleben Sie die spektakuläre Vulkanlandschaft der Chã das Caldeiras, wo es Ende 2014 zum letzten Ausbruch kam. Zudem picknicken Sie auf der urzeitlichen Kraterwand und schwingen zum Tagesausklang das Tanzbein.**

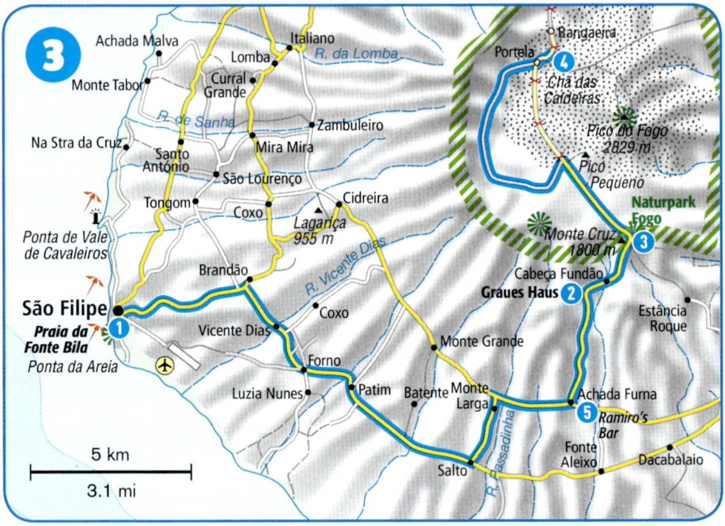

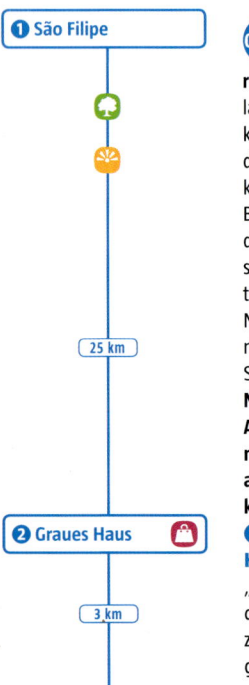

**❸**

Achada Malva · Italiano
Monte Tabor · Lomba · *R. da Lomba* · Portela · ☐ Bangaeira
Curral Grande · ☐ Chã das Caldeiras
*R. de Sanha* · Zambuleiro · Pico do Fogo 2829 m
Na Stra da Cruz · Mira Mira · Pico Pequeño
Santo António · São Lourenço
Tongom · Coxo · Cidreira · **Naturpark Fogo**
*Ponta de Vale de Cavaleiros* · *Lagariça 955 m* · Monte Cruz 1800 m · **❸**
Brandão · *R. Vicente Dias* · Cabeça Fundão
**São Filipe** · **Graues Haus** · **❷**
*Praia da Fonte Bila* · ❶ · Vicente Dias · Coxo · Estância Roque
*Ponta da Areia* · Forno · Monte Grande
Luzia Nunes · Patim · Batente · Monte Larga · Achada Furna · **❺** · Ramiro's Bar
Salto · Fonte Aleixo · Dacabalaio

5 km
3.1 mi

❶ **São Filipe**

🌳

✳

25 km

❷ **Graues Haus** 🛍

3 km

**09:00** Das Taxi holt Sie an Ihrem Hotel in ❶ **São Filipe → S. 67** ab und **bringt Sie nach Chã das Caldeiras → S. 64.** In leichten Kurven geht es durch welliges Hügelland sanft bergauf, klaffende Erosionsrisse durchschneiden kahle Bergflanken. Ein herrlicher Blick eröffnet sich über die weite Hügelebene bis hinunter zum Meer. Immer stärker dominieren schwarzes Geröll und Schlackebrocken das Bild. Dann kommen die ersten Lavaströme in Sicht: breite, dunkle Rinnsale von Weitem, aus der Nähe skurrile, mannshohe Steinlawinen. **Nach dem Ort Achada Furna** sehen Sie **auf der linken Seite** ein ❷ **graues Haus**, an dem „Vende-se queijo" (Käse zu verkaufen) geschrieben

steht. Dort sollten Sie einen `INSIDER TIPP` aromatischen Ziegenkäse erstehen.

Nach einer letzten Kehre sind Sie am Eingangsschild des ❸ **Naturparks Fogo**, dem vorläufigen Endpunkt Ihrer Autofahrt, und sehen den perfekt geformten Kegel des Pico do Fogo → S. 66 vor sich.

**11:30** Ihr Aufstieg auf die Kraterwand beginnt **auf der linken Seite der Straße. Etwa 150 m zurück befindet sich eine Lücke in der Begrenzungsmauer, wo ein Fußpfad den Hang hinaufführt.** Bereits nach einer guten halben Stunde erreichen Sie eine Höhe von etwa 150 m und haben einen guten Blick in den Talkessel der Chã das Caldeiras. Sie sehen den Pico Pequeno → S. 67, dessen alte und neue Lavaströme und wieder den Pico do Fogo.

Hier oben finden Sie einen windgeschützten Platz für Ihr Picknick mit Panoramablick. **Zurück bergab geht es auf gleichem Wege. Unten an der Straße angekommen, fahren Sie in die** ❹ **Chã das Caldeiras** → S. 64 hinein, wo Sie einen Spaziergang durch die bizarren Lavafelder machen.

**17:00** **Auf dem Rückweg legen Sie einen Stopp in der** ❺ **Bar Ramiro II** → S. 70 in **Achada Furna** ein, **rund 16 km die Straße bergab.** Sie genießen ein Glas hauseigenen Fogo-Wein *(manecom)* und ab ca. 18 Uhr auch Livemusik. Wagen Sie ein Tänzchen! Von hier aus dauert die Rückfahrt nach ❶ **São Filipe** noch etwa eine Stunde.

❸ Naturpark Fogo

10 km

❹ Chã das Caldeiras

16 km

❺ Bar Ramiro II

21 km

❶ São Filipe

Höhepunkt eines Fogo-Aufenthalts: der Spaziergang durch die Lavafelder der Caldeira

# 4  SANTO ANTÃO: IM GRÜNEN TROPENPARADIES

**START:** ❶ Ribeira Grande
**ZIEL:** ❼ Atelier Bar

**7 Stunden**
reine Gehzeit
4 Stunden

Strecke:      leicht
➡ **34 km**    .ıl **Höhenmeter: 1200 m**

**KOSTEN:** 70 Euro für 2 Personen (Taxi und Verpflegung)
**MITNEHMEN:** Wanderschuhe, Sonnenschutz, Wasser, evtl. Wanderstöcke

**ACHTUNG:** ❶ **Ribeira Grande:** Bestellen Sie das Taxi am besten über die Rezeption Ihres Hotels.
Es geht fast nur bergab, zum Teil sehr steil, jedoch nicht allzu schwierig – es sei denn, man hat Probleme mit den Knien.

Das Tropental Ribeira do Paúl ist einer der schönsten Flecken Kap Verdes. Bei klarer Sicht schweift Ihr Blick vom Cova-Krater über Baumriesen, Zuckerrohr- und Kaffeeplantagen hinunter zum Meer, bevor Sie sich in einer urigen Bar eine herzhafte Brotzeit schmecken lassen.

❶ Ribeira Grande

8 km

**09:00** In ❶ **Ribeira Grande** → S. 89 besteigen Sie ein Taxi, das Sie **hinauf zum Cova-Krater** bringt. Während der Fahrt auf der alten Pflasterstraße genießen Sie atemberaubende Aussichten und blicken bei einem Stopp

In der Ribeira do Paúl geht es auf einem Maultierpfad steil bergab

am ❷ **Delgadim** → S. 87 in schwindelnde Abgründe. Weiter geht es in steilen Serpentinen bis auf fast 1400 m, wo feine silbergrüne Flechten in den Zweigen der Bäume hängen. Schließlich sehen Sie auf der linken Seite den kreisrunden Einsturzkrater des Cova do Paúl. **Hinter dem Krater biegen Sie links in eine schmale Pflasterstraße ein, der Sie bis zum Ende folgen.**

Ihre Wanderung beginnt am ❸ **Ende der Straße. Ein Pfad schlängelt sich an einigen Häuschen vorbei, zuerst nach links, und dann nach rechts zur Kraterwand hinauf.** Etwa 20 Minuten brauchen Sie bis zum ❹ **Gipfel des Cova do Paúl** → S. 87. Ist die Sicht frei, genießen Sie einen spektakulären Ausblick: Die Ribeira do Paúl → S. 89 zieht sich im Zickzack 6 km bis hinab zum Ozean. **Von hier aus führt ein gepflasterter Maultierpfad in engen Schleifen steil bergab.** Durch einen Nebelwald geht es vorbei an Geröllfeldern voll beeindruckender Findlinge, später durch raschelnde Zuckerrohrfelder und Kaffeepflanzungen. Im Dörfchen **Cabo da Ribeira** sehen Sie rechterhand ein Schild: ❺ **Chez Sandro** → S. 90. Hier gibt es lokales Kunsthandwerk und frisch gebrühten Santo-Antão-Kaffee. Bis zum Ort Ihrer Mittagspause sind es noch etwa 20 Gehminuten.

**13:00** Im ❻ INSIDER**TIPP** **O Curral** *(tgl. | Tel. 2 23 12 13 | www.grogue.de | €)* verwöhnen Sie der Österreicher Alfred Mandl und seine Frau Christine mit frisch gebackenem Brot und anderen hausgemachten Spezialitäten, u. a. dem besten Salat und dem reinsten *grogue* des ganzen Archipels. Frisch gestärkt spazieren Sie weiter: **Noch 5 km führt die Straße weiter bergab,** vorbei an Bananenstauden, gewaltigen Mangobäumen und Kokospalmen. **Sie passieren Passagem auf der rechten Seite** und entdecken immer wieder versteckt gelegene kleine Häuschen mit Strohdächern, sowie ab und zu einen seltenen Drachenbaum. **Durch Eito laufen Sie weiter bis Cidade das Pombas** → S. 87.

**16:00** Geschafft – Sie sind am Ziel – und belohnen sich mit einem köstlichen Maracuja-*Pontche* in der ❼ **Atelier Bar** → S. 92 **am Platz vor der Gesundheitsstation.**

# SPORT & WELLNESS

**Die Kapverden bieten viele Sportmöglichkeiten – die Wüsteninseln sind ein Paradies für Wassersportler, die Gebirgsinseln ein Eldorado für Wanderer.**
Zum Entspannen und Faulenzen laden traumhafte Sandstrände ein – in Weiß oder Schwarz, je nach Wunsch. Doch Schatten ist rar, und oft machen eine heftige Brandung und starke Strömungen das Schwimmen gefährlich. Touristische Infrastruktur mit Geschäften, Restaurants und Cafés gibt es noch nicht überall. Ein reiner Badeurlaub ist also auf den meisten Inseln mit Tücken verbunden, doch dafür entschädigen die Naturbeobachtungen: Eine artenreiche Vogelwelt sowie Meeresschildkröten, Wale und Delphine, Insekten und vielerlei Pflanzen bieten faszinierende Einblicke.

## CANYONING

Auf Santo Antão können Sie ein echtes Abenteuer erleben: **INSIDER TIPP** Canyoning. An einem von neun teils wasserführenden Abgründen seilen sich Mutige unter der fachkundigen Anleitung von Olivier Gilabert *(Pé La No Ar | Ponta do Sol | Tel. 9 97 71 64 | pelanoar@gmail. com)* ab, wenn sie möchten, bis zu 18 m tief. Auch für Anfänger geeignet.

## KLETTERN

Die atemberaubende Vulkanlandschaft mit der 1000 m hohen Kraterwand und den Eruptionshöhlen von Chã das Caldeiras auf Fogo bietet Möglichkeiten zum Klettern und Bouldern.

**Hoch hinauf, hart am Wind oder ganz entspannt: grandiose Berge, erstklassige Surfreviere und viele Entspannungsangebote**

### REITEN

Reitausflüge werden auf Boavista *(Sal Rei | Tel. 9 79 30 90 | www.cabokaitours. com)* sowie auf Sal *(Vista Verde Tours | Santa Maria | Promenada Georges Vynckier | Tel. 2 42 12 61)* angeboten.

### SCHNORCHELN

Starke Brandung und unberechenbare Strömungen lassen das Schnorcheln vor den Gebirgsinseln nur an geschützten Stellen zu. Geeignet sind u. a. die Bucht von Tarrafal/Santiago und die Bucht von Tarrafal de Monte Trigo/Santo Antão. Auf den Ostinseln herrschen günstigere Bedingungen, aber die Sicht ist durch aufgewirbelten Sand oft eingeschränkt.

### SEGELN

Wasser- und Lufttemperaturen nie unter 20 Grad, immer ein ordentlicher Wind, kristallklares Wasser, in dem Wale und Schildkröten schwimmen, und fliegende Fische, die als Abendessen aufs Deck springen. Unberührte Traumstrände und anspruchsvolle seemännische Herausforderungen machen das Seglerglück komplett. Von November bis April sind Windstärken bis zu 8 Beaufort keine Seltenheit, im Sommer bläst der Wind weniger heftig.

Die Segelexperten André Megroz und Kai Brossmann *(Tel. 2 32 67 72 u. 9 91 58 78 | www.BoatCV.com)* sind die Verfasser des „Nautischen Törnführers Kapverdische Inseln". Sie bieten Yachtcharter sowie Mitsegeltörns auf verschiedenen Routen, ebenso wie *Trend Travel Yachting (Salzburger Str. 14 | A-6300 Wörgl | Tel. 0043 5332 7 30 80 | www.trend-travel-yachting. com)*. Auf dem **INSIDER TIPP** Zweimaster *„Iceni Queen" (Tel. 9 95 03 53 (Gerlinde spricht Deutsch) oder über www.alsa tour.de)* kann man ein- und mehrtägige Segelausflüge mit Skipper unternehmen. Die Touren zwischen und zu allen Kapverdischen Inseln werden nach individuellen Wünschen gestaltet, bis zu sechs Personen können teilnehmen.

## SURFEN

Wind- und Kitesurfen auf Sal ist ein großartiger Spaß: Ein beständiger Nordostpassat, in Strandnähe Glattwasser, kleine Windwellen und eine offene Atlantikdünung mit tollen Speedstrecken weiter draußen. Ein kräftiger Shorebreak macht den Einstieg nicht ganz einfach – für Anfänger ist Sal deshalb nicht gut geeignet. Sie surfen besser vor Boavista, denn das Wasser in der Bucht von Sal Rei ist seicht, und es gibt weder Shorebreaks noch hohe Wellen.

Auf Sal betreibt der Amerikaner und mehrfache Weltmeister Josh Angulo eine Surfstation *(Angulo Cabo Verde Windsurf Center | Santa Maria | nahe Hotel Riu | Tel. 2 42 15 80 | www.angulocaboverde.com)*.

Von hier aus geht es zu Revieren mit unterschiedlichen Bedingungen und Schwierigkeiten. Die Surfschule *Surf Zone (Praia de Santa Maria | Hotel Morabeza | Tel. 9 97 88 04 | www.surfcaboverde.com)* liegt an einem relativ windgeschützten Spot in der Bucht und hat eine Außenstelle an der schwierigeren Westküste. Einzel- oder Gruppenunterricht auch auf Deutsch. Auf Boavista lehrt der vietnamesische Profisurfer François Guy De Boavista in seinem Surfcenter *Boa Vista Windclub (Praia de Estoril | Tel. 2 51 10 36 | www.boavistawindclub.com)* den Umgang mit dem Brett. Wer dagegen die Herausforderung auf hoher See sucht, ist auf der **INSIDER TIPP** *„Itoma" (Weiden am See | Tel. 0043 2167 79 50 | www. itoma.at)* richtig: Drei Surfer aus Österreich haben den 23 m langen Motorkatamaran entworfen und gebaut, um zusammen mit Gästen ihrer Surfleidenschaft u. a. vor den Kapverden zu frönen.

## TAUCHEN

Mehr als zwei Dutzend Tauchreviere gibt es rund um Sal, doch immer ist eine Anfahrt von mindestens zehn Minuten notwendig, um Rochen, Muränen, Doktorfische oder eine Schildkröte zu sehen. Tauchkurse und -ausflüge (auch auf Deutsch) rund um die Insel, z. B. zum Olho Azul, bietet der *Orca Dive Club (Santa Maria | Tel. 2 42 13 02 | www.orca-diveclub-caboverde.com)*.

Auch die Tauchgründe bei Boavista sind sehr artenreich, liegen aber nicht in unmittelbarer Nähe. Starke Dünung und aufgewirbelter Sand schränken manchmal die Sicht ein. Das passiert nicht im Tauchparadies Tarrafal auf Santiago. Direkt vor der Tür liegen 10–40 m tiefe Tauchreviere mit Sichtweiten bis über 20 m *(Divecenter Santiago | Tarrafal | im King Fisher Resort | Tel. 9 93 64 07 | www.*

*divecenter-santiago.de).* Auch bei Tarrafal auf Santo Antão gibt es wunderschöne, artenreiche Tauchgründe zu erforschen.

## WANDERN

Fünf Kapverdische Inseln begeistern mit idealen Wandermöglichkeiten: Santiago, Brava, Santo Antão, São Nicolau und Fogo. Die faszinierende Bergwelt ist von April bis August karg und trocken, nach dem Herbstregen jedoch wunderschön grün. Auf jahrhundertealten Eselspfaden erklimmen Sie bis zu 2800 m hohe Gipfel, entdecken Felswüsten und tropische Täler. Unbedingt erforderlich ist gutes Schuhwerk, denn meist sind die Wege nicht befestigt, sehr oft geröllig und steil. Empfehlenswert sind die Wanderkarten und -führer von Lucette Fortes und Pitt Reitmeyer *(www.bela-vista.net).*

## WELLNESS

Entschleunigung und Entspannung sind wichtige Vokabeln beim Kapverde-Urlaub. Sei es ein Bad in natürlichen Meeresschwimmbecken (Fogo, Brava, Maio), in den Salzpfannen auf Sal, die an das Tote Meer erinnern, oder eine Verwöhnkur für Körper und Geist. Auf fast allen Inseln gibt es Massage-Angebote verschiedenen Charakters. Meist machen Aushänge in Hotels und Restaurants darauf aufmerksam. In den Salinen auf Sal in Pedra de Lume kann man sich mit Salz oder Schlamm durchkneten lassen oder eine entspannende Gesichtsbehandlung buchen, in Sal Rei bieten diverse Strandlokale an der Praia de Estoril Massagen an. In Santa Maria verfügen einige Hotels über ihre eigene Massagestation. Die Wellnesskrönung können Sie sich in Mindelo auf São Vicente gönnen: eine balinesische Massage mit duftenden ätherischen Ölen bei *Prem Piepiet (Tel. 9 76 59 32),* die auch Deutsch spricht, und eine Gesichtsbehandlung von ● *Roxana Lima (Mamdyara | Rua Unidade Africana 58 | Tel. 9 94 43 92)* aus Argentinien. Sie behandelt mit Präparaten aus natürlichen Rohstoffen.

Auf die perfekte Welle braucht an kapverdischen Gestaden kein Surfer lange zu warten

# MIT KINDERN UNTERWEGS

Die kapverdischen Inseln sind ein besonders kinderfreundliches Land. Ein Urlaub mit ganz kleinen Kindern auf den Kapverden ist jedoch nur bedingt eine gute Idee – hygienische und klimatische Hürden müssen gemeistert werden. Sonnenbrand und Durchfall sind die häufigsten Übel. Gefährlich werden können Keime am Trinkfläschchen oder Nuckel. Unbedingt ins Gepäck gehören Sonnencremes mit extrem hohem Lichtschutzfaktor und ein Hut. Auf Sal und Boavista ist der Urlaub mit kleinen Kindern am einfachsten. Dort verfügen einige der großen Hotels über kindgerechte Einrichtungen oder sogar Mini-Clubs. Ansonsten gilt: Sie müssen selbst für die Beschäftigung des Nachwuchses sorgen, z. B. mit sportlichen Aktivitäten an oder dem Erforschen der ungewohnten Umgebung.

## OSTINSELN

### NEPTUNUS (138 B5) (*m R6*)
Auf Entdeckungsfahrt wie Käpt'n Nemo: Die gelbe „Neptunus" hat eine Unterwasserschaukabine. Sie erleben die tropische Unterwasserwelt mit Fischen, Meerestieren, Unterseewracks etc. *Erwachsene 3850 CVE, Kinder 1950 CVE | Sal | Praia de Santa Maria | Tel. 9 56 54 10*

### RADFAHREN
Auf Sal und Boavista haben auch Kinder Spaß am Mountainbikefahren, denn die Inseln sind schön flach. Besonders wichtig: Kopfbedeckung und Wasserflasche! Fahrradvermietung: *Versilia-Bike (Sal | Santa Maria | Rua 1 de Junho | Tel. 9 55 56 97), Let's go (Boavista | Sal Rei | Rua dos Emigrantes | Tel. 9 77 30 00).*

### REITAUSFLUG (139 D3) (*m R9*)
Rund fünf Stunden lang geht es im Schritt am azurblauen Atlantik entlang und durch eine wunderschöne Dünenlandschaft langsam wieder zurück, inklusive Rast im schattigen Akazienwald und Verkostung kapverdischer Spezialitäten. *Cabo Kai Tours | Boavista | Sal Rei | Tel. 9 79 30 90*

### SOS TARTARUGAS ⊘ (138 B5) (*m R6*)
Von Juli bis September finden auf Sal abendliche zwei- bis dreistündige Strandwanderungen statt, um Wasserschildkröten bei der Eiablage zu beobachten. Von Juni bis Dezember ==INSIDER TIPP geben die Ranger Einblicke in ihre Arbeit==, von Juli bis Dezember werden am Strand (wechselnde Orte) Aktionen für Kinder veranstaltet. *Teilnahme 2200 CVE, Kinder bis 10 J. frei | Sal | Santa Maria |*

## Auch ohne Kinderclub und -animation: Die Kapverden sind ein Paradies für wissensdurstige und bewegungshungrige Kids

*Nähe Hotel Riu | Tel. 9 74 50 20 | www.sostartarugas.org*

*Santiago | Tarrafal | Tel. 9 93 64 07 | www.divecenter-santiago.de*

### SÜDINSELN

**DELTA CULTURA** (140 A2) (*M15*)
In den Ferien Spannendes lernen: Der Österreicher Florian Wegenstein leitet auf Santiago ein Bildungszentrum für Kinder und Jugendliche. Auch Ferienkinder können in der dortigen Fußballschule mitkicken, *batuco* tanzen lernen oder, falls gerade ein Workshop ansteht, auch malen oder basteln. Eine kleine Spende ist willkommen. *Tarrafal | Tel. 2 66 27 01 | www.deltacultura.org*

**DIVECENTER SANTIAGO**
(140 A2) (*M15*)
Die geheimnisvolle Welt unter der Meeresoberfläche fasziniert auch den Nachwuchs. Bei Georg Bachschmid lernen Kinder ab 14 Jahren den sachgerechten Umgang mit Druckluftflasche und Schwimmflossen. *Junior-Open-Water-Kurs 420 CVE |*

### NORDINSELN

**INSIDER TIPP ► ESELWANDERN**
(134 C2) (*D2*)
Die Kinder reiten, Sie laufen: Mit Guide und einem oder zwei Eseln wandern Sie auf den alten Maultierpfaden Santo Antãos. Grandios! *Casa Espongeiro | Espongeiro | Tel. 9 81 15 26 | casaespongeiro@gmail.com*

**SCHLEMMEN UND BADEN**
(134 C5) (*D4*)
Das Vier-Sterne-Hotel Foya Branca auf São Vicente bietet für externe Gäste jeden Sonntag ein üppiges Mittagsbuffet inklusive ● Nutzung der Außenanlage mit den drei Swimmingpools, wovon einer für Kids reserviert ist. *Eintritt inkl. Buffet 1800 CVE, Kinder 900 CVE | Resort Hotel Foya Branca | São Pedro | Tel. 2 30 74 00 | www.foyabranca.com*

# EVENTS, FESTE & MEHR

Die Kapverdier lieben es, zu feiern. Fröhliche Stadt- und Inselfeste am Namenstag ihres Schutzpatrons sind auf allen Inseln üblich. Dabei verbinden sich religiöse und weltliche Traditionen in bester Weise: Ein Gottesdienst und eine Prozession durch den Ort münden in ein ausgelassenes Volksfest mit reichhaltigem Festmahl, Tanz und Musik. Auch kirchliche Feiertage wie Weihnachten, Ostern oder Neujahr werden im großen Kreis ausgiebig und vergnügt zelebriert, mit der Familie und vielen Freunden. Hochzeiten, Taufen oder Kommunionsfeiern werden gern von mehreren Familien zusammen ausgerichtet – je mehr Gäste, desto besser!

## FESTE & VERANSTALTUNGEN

### FEBRUAR

Karneval und kreolische Kultur, das heißt mitreißende Musik und verführerische Sambatänzerinnen in federgeschmückten Kostümen. Der kapverdische Karneval ist zwar klein, aber er steht dem brasilianischen oder karibischen in nichts nach. Der Umzug am Faschingsdienstag in Mindelo ist der prunkvollste von allen, der **INSIDER TIPP** **Karneval von Ribeira Brava** (São Nicolau) eine großartige Party in kleinerem Maßstab.

### APRIL

*Festa da Bandeira:* das Spektakel des Jahres auf Fogo. Zu dem sieben Tage dauernden Volksfest in der letzten Aprilwoche reisen auch Emigranten an, um die farbenprächtigen religiösen und weltlichen Zeremonien zu begehen. In São Filipe herrscht dann Ausnahmezustand. Besonders bunt und spannend sind die Prozession und die **INSIDER TIPP** traditionellen Reiterspiele. Auch die kirchliche Messe und das Segnen der Fahne sollten Sie nicht verpassen. Genauso interessant ist das traditionelle Maisstampfen: Die Frauen zerstoßen zu lautem Trommeln und Singen die Maiskörner für das Festessen in einem großen Mörser. Am 1. Mai erreicht das Fest seinen Höhepunkt.

### MAI

Das Highlight des Stadtfests der Hauptstadt Praia am 19. Mai ist das ● *Musikfestival Praia de Gamboa.* Drei Nächte lang spielen Musikgruppen bis zum Morgen. Die bekanntesten Musiker Kap Verdes sind zu Gast sowie Größen aus Brasilien, der Karibik und Afrika.

### 24. JUNI

Das **INSIDER TIPP** Johannisfest *(Festa São João Baptista)* wird auf vielen In-

## Sambatanz und Reiterspiele: Ob religiöse Feste oder familiäre Anlässe, einen Grund zum Feiern gibt es auf Kap Verde immer

seln gefeiert. Ein ritueller Tanz, die *colá de São João,* führt unter lautstarkem Trommeln und Johlen eine Prozession durch den Ort. Angeführt wird sie von einem als Admiral Verkleideten, der sich eine bunt bemalte Bootsattrappe umgehängt hat, und seinem Steuermann. Alle paar Schritte halten sie an, um die Umstehenden zum Tanzen aufzufordern und ein paar Münzen oder kleine Geschenke einzusammeln. Zu zweit oder in Vierergruppen folgen die Frauen, die zum immer schneller werdenden Trommelrhythmus tanzen.

### AUGUST
Am ersten Augustwochenende nach Vollmond pilgern Zehntausende zum Musikfestival ● *Baía das Gatas* auf São Vicente. Der herrliche Strand ist eine einmalige Kulisse für das Festivalgelände und die Bühne, auf der kapverdische, afrikanische, europäische und südamerikanische Musiker für Stimmung sorgen. Dutzende von kleinen Buden bieten

Snacks und Getränke. Die Stimmung ist legendär. Aber Achtung: Taschendiebe!

### SEPTEMBER
Jedes Jahr im September wird anlässlich des *Sal Musikfestivals* ein Wochenende lang der Strand zur Mega-Partymeile mit Livemusik.

## FEIERTAGE

| | |
|---|---|
| 1. Jan. | Neujahr |
| 20. Jan. | Tag der National-helden |
| März/April | Karfreitag |
| 1. Mai | Tag der Arbeit |
| 24. Juni | *São João* |
| 5. Juli | Tag der Unabhängig-keit |
| 15. Aug. | Mariä Himmelfahrt |
| 12. Sept. | Nationalfeiertag |
| 1. Nov. | Allerheiligen |
| 25. Dez. | Weihnachten |

# LINKS, BLOGS, APPS & CO.

LINKS & BLOGS

**www.marcopolo.de/kapverden** Alles auf einen Blick zu Ihrem Reiseziel: interaktive Karten inklusive Planungsfunktion, Impressionen aus der Community, aktuelle News und Angebote ...

**www.kapverden.de** Alles, was Sie vor einer Reise auf die Kapverdischen Inseln wissen müssen und möchten – inklusive Reiseberichten und Forum

**wikitravel.org/de/Kap_Verde** Nützlicher interaktiver Online-Reiseführer, der harte Fakten sowie spezifische Informationen von Anreise über Küche und Gesundheit bis zu Unterkunft und weiterführenden Weblinks enthält

**short.travel/kav1** Reiseblog mit verschiedenen Berichten von den Kapverdischen Inseln, die informativ und mit schönen Fotos illustriert sind

**short.travel/kav3** Reisebericht, Highlights und Geheimtipps bietet dieser Blog genauso wie treffende Bilder aus den Jahren 2001–2011, die Landschaft und Alltag auf den Inseln zeigen

**short.travel/kav4** Umfangreicher Fotoblog, der zum Stöbern einlädt und Fernweh auslösen kann. und nach Ihrer Reise können Sie natürlich auch Ihre Aufnahmen online stellen

**short.travel/kav8** In dieser Community können Sie Ihre ganz persönlichen Fragen stellen oder erfahren, was andere Mitglieder zu Themen wie beste Surfspots, Möglichkeiten für Selbstversorger oder welche Airline die besten Flugverbindungen anbietet, zu sagen haben

**short.travel/kav9** Falls Sie des Portugiesischen mächtig sind, dann tauschen Sie sich hier im Netzwerk der Kapverden-Freunde aus und bleiben Sie immer auf dem Laufenden über das Leben auf den Inseln; mit auf der Seite eingebundenen Videos und Fotos

Egal, ob für Ihre Reisevorbereitung oder vor Ort: Diese Adressen bereichern Ihren Urlaub. Da manche sehr lang sind, führt Sie der short.travel-Code direkt auf die beschriebenen Websites. Falls bei der Eingabe der Codes eine Fehlermeldung erscheint, könnte das an Ihren Einstellungen zum anonymen Surfen liegen

**VIDEOS & MUSIK**

short.travel/kav5 Tony aus Mosteiros ist noch ein Geheimtipp, aber mit Sicherheit nicht mehr lange. Das junge Musiktalent aus Fogo ist inzwischen weit über die Insel hinaus bekannt und tourt bereits durchs Ausland

short.travel/kav6 Dieses dreiminütige Video macht überdeutlich, was auf den Wellen vor den Kapverden alles möglich ist – als versierter Wellenreiter, Wind- oder Kitesurfer ist man hier dem Paradies sehr nah

short.travel/kav7 So toll klingt es, wenn Tibau aus Maio und die drei Musiker von Pupkulies & Rebecca zusammen Musik machen. Nur live ist es noch schöner ...

short.travel/kav2 Mit dem Mountainbike auf Santo Antão: Da muss man auch als Zuschauer schwindelfrei sein! Die Helmkamera lässt Sie die Fahrt vom Berggipfel über den Wolken hinab in schwindelnde Abgründe miterleben

short.travel/kav10 Der viertelstündige Beitrag „Cidade Velha, eine portugiesisch-afrikanische Ehe" aus der SWR-Sendereihe „Schätze der Welt" gibt einen interessanten Einblick in die kapverdische Geschichte des Sklavenhandels und der Kolonialdiktatur

**APPS**

Über den Inseln Afrikas – Im fünften Teil dieser App-Serie wird das Archipel der Kapverdischen Inseln in atmosphärischen Fotos von Stéphane Ducandas an Land, zu Wasser und aus der Luft eingefangen

Cape Verde Offline mappa Karte Offline verfügbare Landkarte, detailgenau, mit hohem Zoom und guter Abdeckung. Die Point-of-Interest-Datenbank bietet ein Dutzend Kategorien – Restaurants, Bars und Hotels, Krankenhäuser etc.

Cabo Verde Kostenpflichtige iOS-App mit beeindruckenden Fotografien aus dem kapverdischen Alltag. Unterlegt wurden die Bilder des deutschen Fotografen Joe Würfel mit Musik des 2012 verstorbenen Saxophonisten Swami Swagato

Cabo Verde 4You Offline verfügbarer Kriolu-Sprachführer mit 300 Vokabeln und 120 Sätze inkusive korrekter Aussprache, sowohl für den Dialekt der Nord- als auch der Südinseln. Als Basis-Wortschatz gut geeignet

# PRAKTISCHE HINWEISE

## ADRESSEN

Auch in größeren Orten tragen nicht alle Straßen einen Namen. Besitzt die Straße einen solchen, dann haben deren Häuser meist auch Hausnummern, allerdings nicht immer. Oft bestehen Adressen nur aus dem Ortsteil oder einem nahen Bezugspunkt.

## ANREISE

Bislang gibt es auf den Kapverden vier internationale Flughäfen: auf den Inseln Sal (SID), Boavista (BVC), Santiago (RAI) und São Vicente (VXE). Ab Deutschland beträgt die reine Flugzeit auf die Kapverden etwa sechs, ab Lissabon etwa drei Stunden.

## GRÜN & FAIR REISEN

Auf Reisen können auch Sie viel bewirken. Behalten Sie nicht nur die $CO_2$-Bilanz für Hin- und Rückreise im Hinterkopf *(www.atmosfair.de; de.myclimate.org)* – etwa indem Sie Ihre Route umweltgerecht planen *(www.routerank.com)* – , sondern achten Sie auch Natur und Kultur im Reiseland *(www.gate-tourismus. de; www.ecotrans.de)*. Gerade als Tourist ist es wichtig, auf Aspekte wie Naturschutz *(www.nabu.de; www. wwf.de)*, regionale Produkte, wenig Autofahren, Wassersparen und vieles mehr zu achten. Wenn Sie mehr über ökologischen Tourismus erfahren wollen: europaweit *www.oete.de*; weltweit *www.germanwatch.org*

Direktflüge ab Deutschland nach Sal und Boavista gibt es mit TUIfly *(www.tuifly. de)*. Abflughäfen sind Frankfurt/Main, München, Hannover, Köln, Hamburg und Stuttgart.
Über Lissabon fliegt die portgiesische TAP *(www.flytap.com)*. Mehrmals wöchentlich werden von Hamburg, Frankfurt/Main, München, Berlin und Düsseldorf aus mit Zwischenlandung in der portugiesischen Hauptstadt die Inseln Sal, Santiago und São Vicente angeflogen. Die kapverdische Fluggesellschaft TACV fliegt mehrmals in der Woche von Lissabon nach Sal und Santiago.

## AUSKUNFT

**BOTSCHAFT DER REPUBLIK KAP VERDE IN DEUTSCHLAND**
*Stavanger Str. 16 | 10439 Berlin | Tel. 030 20 45 09 55 | www.embassy-capeverde.de*

**HONORARKONSULAT DER REPUBLIK KAP VERDE IN ÖSTERREICH**
*Dornbacherstr. 89 | 1170 Wien | Tel. 01 4 89 78 82 | www.konsulat-kapverde.meixner.at*

**HONORARKONSULAT DER REPUBLIK KAP VERDE IN DER SCHWEIZ**
*Rümelinsplatz 14 | 4001 Basel | Tel. 061 2 69 80 95 | www.kapverde-konsulat.ch*

## DIPLOMATISCHE VERTRETUNGEN

**VERTRETUNG DER BUNDESREPUBLIK DEUTSCHLAND**
Die zuständige deutsche Botschaft befindet sich in Dakar *(20, Av. Pasteur | B. P. 2100 | Dakar | Senegal | Tel. 00221*

# Von Adressen bis Zoll

**Urlaub von Anfang bis Ende: die wichtigsten Adressen und Informationen für Ihre Kapverden-Reise**

33 89 48 84 u. 7 76 38 64 41 (Notfall) | www.dakar.diplo.de).
In Kap Verde wird die Bundesrepublik Deutschland durch das französische Konsulat vertreten (Av. da O.U.A. | Praia | Tel. 2 62 31 00).

### BOTSCHAFT DER REPUBLIK ÖSTERREICH

Auch Österreichs Botschaft ist in Dakar (18, Rue Émile Zola | B. P. 3247 | Dakar | Senegal | Tel. 00221 3 38 49 40 00 | dakar-ob@bmeia.gv.at).

### SCHWEIZER KONSULAT

Praia | Rua Andrade Corvo 25 | Tel. 2 61 67 10 | c.suisse@cvbtelecom.cv

## EINREISE

Bürger der EU benötigen ein Visum. Auf der Website der kapverdischen Botschaft können Sie das Formular herunterladen; die Gebühren (Einzelvisum: 45 Euro, Familienvisum: 57 Euro) sind per Banküberweisung zu bezahlen. Seit einigen Jahren ist es auch möglich, direkt bei der Einreise ein Visum zu kaufen, das zudem mit nur 25 Euro günstiger ist. Achtung: Ihr Reisepass muss mindestens noch sechs Monate gültig sein.

## GELD & BANKEN

Die Landeswährung ist der Kapverdische Escudo (CVE). Er ist zu einem festen Wechselkurs an den Euro gebunden (1 Euro = 110,265 CVE). Auf Sal können Sie auch in Euro bezahlen, meist zum Kurs 1 Euro = 100 CVE. Die Preise in einfachen Restaurants und Pensionen sind recht günstig, Produkte des täglichen Bedarfs allerdings nicht – fast alles muss importiert werden.

Den geringsten Aufwand haben Sie, wenn Sie für die erste Zeit Bargeld mitnehmen – der Umtausch ist in Banken und Western-Union-Zweigstellen problemlos möglich – und dann per Visa-Card Geld abheben. Den ersten Umtausch sollten Sie noch am Flughafen vornehmen. Nur große Hotels nehmen Kreditkarten. Seit Januar 2015 sind neue Geldscheine in Umlauf, es gibt also zurzeit jeweils zwei verschiedene Exemplare jeder Banknote.

In größeren Orten gibt es Banken, die mit einem Geldautomaten ausgerüstet sind, der meist nur die Visa-Card akzeptiert. Damit können Sie auch am Schalter (Mo–Fr 8–15 Uhr) Geld abheben.

## WAS KOSTET WIE VIEL?

| | | |
|---|---|---|
| **Wasser** | **1 Euro** | |
| | für eine 1,5-Liter-Flasche im mini mercado | |
| **Kaffee** | **1 Euro** | |
| | für einen Espresso | |
| **Taxi** | **2–2,50 Euro** | |
| | für eine Fahrt innerorts | |
| **Snack** | **2,50 Euro** | |
| | für ein Sandwich | |
| **Musik-CD** | **18 Euro** | |
| | im Fachgeschäft | |
| **Surfboard** | **8 Euro** | |
| | Leihgebühr pro Stunde | |

## GESUNDHEIT

Apotheken und Krankenstationen (centro de saúde), wo rund um die Uhr eine Krankenschwester oder ein -pfleger erreichbar ist, gibt es auf jeder Insel. Staatliche Hospitäler befinden sich auf Santiago, São Vicente, Santo Antão, Fogo und Sal. Dort muss man mit einem erheblichen bürokratischen Aufwand und langen Wartezeiten rechnen. Eine günstige Alternative für Urlauber bieten Privatkliniken niedergelassener Ärzte, dort ist auch die Verständigung einfacher. Apotheken sind an einem grünen Kreuz zu erkennen und führen in der Regel die gängigsten Medikamente. Nichtsdestotrotz sollten Sie eine Reiseapotheke dabeihaben: Sonnencreme mit hohem Lichtschutzfaktor, Mückenschutz, Schmerzmittel sowie Magen-Darm-Tabletten sind von Vorteil. Die gesetzlichen Krankenversicherungen in Europa übernehmen die Behandlungskosten in der Regel nicht. Der Abschluss einer privaten Auslandskrankenversicherung ist ratsam. Impfungen sind für Reisende aus Europa nicht vorgeschrieben.

## INLANDSVERKEHR

Außer Santo Antão und Brava werden alle Inseln von der TACV *(www.tacv.de)* angeflogen. Zwingend erforderlich ist die Rückbestätigung aller Flüge zwei Tage vor Abflug in einem TACV- oder einem

## WÄHRUNGSRECHNER

| € | CVE | CVE | € |
|---|---|---|---|
| 1 | 110,27 | 10 | 0,09 |
| 3 | 330,80 | 50 | 0,45 |
| 4 | 441,06 | 130 | 1,17 |
| 5 | 551,33 | 250 | 2,26 |
| 7 | 771,86 | 600 | 5,44 |
| 12 | 1323,18 | 3000 | 27,20 |
| 25 | 2756,63 | 8000 | 72,55 |
| 80 | 8821,20 | 12000 | 108,82 |
| 130 | 14334,40 | 15000 | 136,03 |

Reisebüro. Die zweite nationale Fluggesellschaft Halcyonair *(www.halcyonair. com)* fliegt Sal, Santiago, São Vicente, Boavista und Fogo an. Brava und Santo Antão sind nur per Fähre zu erreichen. Die Fähre nach Santo Antão verkehrt zuverlässig zweimal täglich (Fahrtdauer ca. 1 Std.), die Fähre nach Brava mehrmals wöchentlich (ca. 30 Min.). Andere Fährverbindungen sind zu vernachlässigen, da man im Verhältnis zum Flug unverhältnismäßig lange unterwegs ist.

## INTERNET

Eine (drahtlose) Internetverbindung gibt es auf allen Inseln. Kostenloses WLAN ist an den meisten Flughäfen, in den größeren Städte oftmals an den zentralen Plätzen oder in der Nähe der Post sowie in einer ganzen Reihe von Hotellerie- und Gastronomiebetrieben zu finden.

## KLIMA

Das tropisch-trockene Klima macht die Kapverden zu einem idealen Ganzjahresreiseziel: Im Durchschnitt gibt es 350 Sonnentage im Jahr bei Temperaturen zwischen 21 und 29 Grad. Die kühlsten Monate sind Januar und Februar, besonders heiß ist es im August und September. In dieser Zeit kommt es häufig zu heftigen tropischen Regenfällen, dafür weht der Passatwind von Juli bis Oktober weniger stark. Der Unterschied zwischen Tages- und Nachttemperaturen ist gering – etwa 5 Grad. Das Wasser ist ganzjährig zwischen 22 und 27 Grad warm.

## LÄRM

Auf jeden Fall ins Reisegepäck gehören Ohrenstöpsel. Der Straßenlärm kann spätabends oder frühmorgens sehr lästig sein, besonders in den Ortszentren.

Auf Boavista und Sal muss mit Baulärm gerechnet werden. Nächtliches Hundegebell ist die Regel, nicht die Ausnahme.

## MEDIEN

Radiohören ist weit verbreitet – etwa 80 Prozent der Bewohner hören täglich zu. Gesendet wird auf Portugiesisch, bei regionalen Sendern auch auf Kriolu.
Die beiden nationalen Zeitungen „A Semana" und „Expresso das Ilhas" erscheinen wöchentlich auf Portugiesisch. Internationale Presseerzeugnisse sind, wenn überhaupt, nur an den internationalen Flughäfen erhältlich.

## MIETWAGEN

Auf fast allen Inseln stehen Mietwagen zur Verfügung. Doch Straßen, Umgebung und Verkehrsgewohnheiten sind ungewohnt, der zeitliche und finanzielle Aufwand (hohe Kaution) ist erheblich. Zum Preis eines Mietfahrzeugs können Sie auch ein Taxi oder ein *aluguer* mit ortskundigem Fahrer mieten.

## NOTRUF

Die kostenfreien Notfallnummern gelten auf allen Inseln: Krankenhaus *Tel. 130*, Feuerwehr *Tel. 131*, Polizei *Tel. 132*.

## ÖFFENTLICHE VERKEHRSMITTEL

*Aluguers* fahren zwischen den größeren Orten sowie zwischen Dörfern und nächstgrößeren Städten. Fragen Sie, wo die Sammeltaxis losfahren, oder halten Sie eines auf freier Strecke an. Kurzstrecken kosten um 100 CVE; der Fahrer führt eine offizielle Preisliste mit. In Mindelo und Praia verkehren auch Linienbusse im Stadtgebiet und in die Vororte.

## ÖFFNUNGSZEITEN

Geschäfte sind montags bis freitags von 8 bis 12.30 und von 15 bis 18.30 Uhr sowie samstags von 8 bis 13 Uhr geöffnet, plus/minus eine halbe Stunde. An Sonn- und Feiertagen ist geschlossen.

## POST

In allen größeren Ortschaften finden Sie eine rot beschilderte Poststelle *(Correios de Cabo Verde)*. Dort kaufen Sie Briefmarken und Telefonkarten, können (teuer) telefonieren und geben Ihre Post ab. Das Porto für Postkarten und Briefe nach Euopa kostet 60 CVE. Die Öffnungszeiten *(in der Regel Mo–Fr 9–13 und 15–17 Uhr)* können variieren.

## REISEVERANSTALTER

Einige Reiseveranstalter sind besonders auf die Kapverden spezialisiert.

### ALSATOUR 🌐
Experte für sozial- und umweltverträgliche Kapverdereisen, maßgeschneidert für Individualreisende und kleine Gruppen. Ausgezeichnet mit dem Internationalen Umweltpreis des Deutschen Reiseverbands. *Santo Antão | Chã de João Vaz | Tel. 2 23 12 13 | www.alsatour.de*

### ONE WORLD – REISEN MIT SINNEN
Erlebnis- und Wanderreisen in Kleingruppen und individuelle Angebote. *Roseggerstr. 59 | 44137 Dortmund | Tel. 0231 5 89 79 20 | www.kapverdischeinseln.de, www.reisenmitsinnen.de*

### REISETRÄUME
Nach Ihren Vorlieben werden verschiedene Bausteine zu Ihrer persönlichen Reise zusammengesetzt: Wandern und Trekking, Baden, Kultur … *Am Krumm-*

*bach 9 | 88316 Isny im Allgäu | Tel. 07562 64 92 60 30 | www.reisetraeume.de*

**SEABREEZE TRAVEL**
Individual- und Gruppenreisen auf fast alle Inseln, Wanderreisen, Tauchaufenthalte auf Sal. *Franz-Kobinger-Str. 3 | 86157 Augsburg | Tel. 0821 2 27 83 70 | www.kapverden-reisen.com*

## SCHWIMMEN

Die heftige Brandung und starke Strömungen sind nicht zu unterschätzen. Schwimmen Sie niemals ganz alleine, und achten Sie an ausgewiesenen Badeständen auf die Beflaggung: grün = Schwimmen ungefährlich, gelb = Schwimmen mit Einschränkungen gestattet, rot = Schwimmen verboten.

## SICHERHEIT

Kap Verde ist ein sicheres Reiseland, auf den touristisch besser erschlossenen Inseln gab es allerdings an Stränden und auf einsamen Wegen schon Überfälle. Wertsachen wie Kamera oder Schmuck sollten Sie nicht offensiv zur Schau stellen. In Praia und Mindelo ist es sicherer, bei Dunkelheit ein Taxi zu nehmen.

## STROM

Strom ist nicht immer und überall verfügbar. Das marode Netz und die alte Technik sorgen immer wieder für stunden- oder tagelange Stromausfälle. In kleinen Dörfern wird der Strom um 23 oder 24 Uhr abgeschaltet. Steckdosenadapter (220 V/50 Hz) werden nicht benötigt.

## WETTER AUF SAL

| | Jan. | Feb. | März | April | Mai | Juni | Juli | Aug. | Sept. | Okt. | Nov. | Dez. |
|---|---|---|---|---|---|---|---|---|---|---|---|---|
| Tagestemperaturen in °C | 24 | 23 | 23 | 25 | 26 | 27 | 28 | 29 | 30 | 28 | 27 | 25 |
| Nachttemperaturen in °C | 19 | 19 | 20 | 20 | 20 | 22 | 23 | 24 | 25 | 23 | 22 | 21 |
| ☀ | 8 | 9 | 10 | 10 | 10 | 8 | 7 | 6 | 8 | 8 | 9 | 8 |
| ☂ | 1 | 1 | 1 | 0 | 0 | 2 | 3 | 3 | 4 | 3 | 1 | 1 |
| ≈ | 22 | 23 | 24 | 24 | 25 | 26 | 27 | 27 | 27 | 27 | 25 | 23 |

☀ Sonnenschein Stunden/Tag ⌁ Niederschlag Tage/Monat ≈ Wassertemperaturen in °C

## TAXI

Die Fahrt von den Flughäfen São Vicente, Praia und Sal ins Stadtzentrum bzw. zum Haupt ort der Insel kostet tagsüber rund 1000 CVE. Nachts wird ein geringfügiger Zuschlag erhoben. In den Städten gelten festgelegte Einheitspreise. So kostet z. B. in Mindelo am Tage eine Fahrt im Stadt gebiet 200 CVE, in Praia in der Innen stadt 200–400 CVE. Auch hier kommt abends und nachts ein Zuschlag hinzu.

## TELEFON & HANDY

Am günstigsten ist das Telefonieren über Internet, das fast auf allen In seln in einem Cyber- oder Telefonshop möglich ist. Bei Gesprächen nach Deutschland wählen Sie *0049* vor der Ortsnetzkennzahl ohne die Null, nach Österreich *0043* und in die Schweiz *0041*. Die Vorwahl von Kap Verde ist *00238,* gefolgt von der siebenstelligen Teilnehmernummer. Der Handyempfang innerhalb der meisten europäischen Net ze funktioniert, ist bei manchen Anbie tern aber mit extrem hohen Kosten verbunden. Auch Europa-Telefonate aus dem kapverdischen Mobilfunknetz sind kostspielig.

## TRINKGELD

In Restaurants sind fünf bis zehn Prozent Trinkgeld angemessen, wenn Sie mit dem Service zufrieden waren. Gegen ein kleines Trinkgeld sind Ihnen in Häfen und auf Flughäfen Gepäckträger zu Diensten.

## TRINKWASSER

Leitungswasser ist zum Trinken nicht geeignet, und auch zum Zähneputzen sollten Sie lieber auf Wasser in Flaschen zurückgreifen. Achten Sie in Restaurants

Unglaublich, welche Lasten Frauen auf dem Kopf transportieren

darauf, dass die Ihnen servierten Wasser flaschen noch original verschlossen sind.

## UNTERKUNFT

Luxushotels gibt es noch nicht auf allen Inseln, Pensionen *(pensão/residêncial)* und Privatzimmer aber sehr wohl. Die Standards sind sehr unterschiedlich, manche Privatunterkünfte brauchen sich hinter einem großen Hotel beileibe nicht zu verstecken. Die Großhotels auf den touristisch erschlossenen Ostinseln entsprechen europäischen Normen.

## ZEIT

Im Winter MEZ minus zwei, im Sommer MESZ minus drei Stunden.

## ZOLL

Devisen dürfen unbeschränkt ein- und ausgeführt werden, die Ein- und Ausfuhr von kapverdischen Escudos ist nicht er laubt. In die EU zollfrei einführen dürfen Sie 2 Liter Wein, 1 Liter Spirituosen über 22 Prozent oder 2 Liter bis 22 Prozent und andere Waren bis zu einem Wert von 430 Euro *(www.zoll.de)*.

# SPRACHFÜHRER KRIOLU

## AUSSPRACHE

Die meisten Buchstaben werden wie im Deutschen ausgesprochen. Ein m als letzter Buchstabe wird nasal gesprochen, ebenso wie ein Vokal mit einem Zirkumflex (^). Folgende Buchstabenkombinationen stehen für folgende Laute:

dj – dsch wie in Dschungel, z. B. djuda (Hilfe)
nh – nj wie in Ronja, z. B. sánha (sich ärgern)
tch – tsch wie in Quatsch, z. B. tchábi (Schlüssel)

Die Betonung liegt auf der vorletzten Silbe. Ausgenommen sind Wörter, bei denen die betonte Silbe durch Tilde (~) oder Akzent (´, ^) angezeigt wird, z. B. kafé (Kaffee) oder kárga (Gepäck), sowie Wörter, die auf einen anderen Konsonanten als s enden (m, r, t etc.). Diese werden auf der letzten Silbe betont.

### AUF EINEN BLICK

| | |
|---|---|
| ja/nein/vielleicht | sim/nau/talvez |
| bitte/danke | fabor/obrigádu |
| Entschuldigen Sie! | Diskulpâ-m! |
| Darf ich ...? | Posso? |
| Wie bitte? | Módi? |
| Ich möchte .../Haben Sie ...? | M-kré .../Tem ...? |
| Wie viel kostet ...? | ... é kántu? |
| zu viel/viel/wenig | dimas/um munti/un poku |
| Das gefällt mir (nicht). | M-(ka) gosta. |
| gut/schlecht | bom/mau |
| kaputt/funktioniert nicht | stragádu |
| Hilfe!/Achtung! | Sakor!/Kutádu! |
| Polizei/Feuerwehr | pulisia/bumbéru |
| Verbot/verboten | pruibidu |
| Gefahr/gefährlich | pirigusu |
| Darf ich Sie/hier fotografieren? | Ta da pa-m tra-u fótu/fótu li? |

### BEGRÜSSUNG & ABSCHIED

| | |
|---|---|
| Gute(n) Morgen!/Tag! | Bom diâ!/Bo tárdi! |
| Gute(n) Abend!/Nacht! | Bo noti! |
| Hallo!/Auf Wiedersehen! | Olâ!/Tchau! |
| Tschüss! | Tchau! |
| Ich heiße ... | M-tchoma ... |

# Bu ta papia Kriolu?

**„Sprichst du Kriolu?" Dieser Sprachführer hilft Ihnen, die wichtigsten Wörter und Sätze auf Kriolu zu sagen**

| | |
|---|---|
| Wie heißt du/heißen Sie? | Módi bu tchoma? |
| Ich komme aus ... | Mi é di ... |

## DATUMS- & ZEITANGABEN

| | |
|---|---|
| Montag/Dienstag | Sugunda-fera/Térsa-fera |
| Mittwoch/Donnerstag | Kuárta-fera/Kinta-fera |
| Freitag/Samstag | Sésta-fera/Sábru |
| Sonntag/Feiertag | Diâ Dimingu/Feriadu |
| heute/morgen/gestern | oxi/manham/ónti |
| Stunde/Minute | óra/minotu |
| Tag/Nacht/Woche | diâ/noti/sumána |

## UNTERWEGS

| | |
|---|---|
| offen/geschlossen | abertu/fexadu |
| Eingang/Einfahrt | entrada |
| Ausgang/Ausfahrt | saida |
| Abfahrt/Abflug/Ankunft | saida/saida/tchiga |
| Toiletten/Damen/Herren | kása-bánhu/mudjer/ómi |
| (kein) Trinkwasser | (ka) água bebi |
| Wo ist ...?/Wo sind ...? | Undi sta ...? |
| links/rechts/geradeaus | skérda/ndreta/frenti |
| nah/weit | pértu/lonji |
| Bus/Taxi | otokáru/tákis |
| Haltestelle | paráji |
| Parkplatz | stasionamentu |
| Stadtplan/(Land-)Karte | mápa |
| Hafen/Flughafen | portu/oroportu |
| Fahrschein | bilieti |
| einfach/hin und zurück | só di bai/bai ku bem |
| Ich möchte ... mieten. | M-kré luga ... |
| ein Auto/ein Fahrrad/ein Boot | káru/bisikléta/bárku |
| Tankstelle/Benzin/Diesel | postu-gazulina/gazulina/gazol |
| Panne/Werkstatt | bariâ/ofisina |

## ESSEN & TRINKEN

| | |
|---|---|
| Reservieren Sie uns bitte für heute Abend einen Tisch für vier Personen. | Riserva um mesa pa kuátu alguém pa oxi, fabor. |
| auf der Terrasse | na varanda |
| Könnte ich bitte ... haben? | M-ta toma ...? |

| Flasche/Karaffe/Glas | garáfa/járu/kópu |
| Salz/Pfeffer/Zucker | sal/margéta/sukri |
| mit/ohne Eis/Kohlensäure | ku/sem gélu/okisijenádu |
| Vegetarier(in)/Allergie | ka kumi kárni/alerjiâ |
| Ich möchte zahlen, bitte. | Tarsê-m kónta, fabor. |
| Rechnung/Quittung | kónta/risibu |

## EINKAUFEN

| Wo finde ich ...? | Undi sta ...? |
| Ich möchte .../Ich suche ... | M-kré .../M-sata djobi ... |
| Brennen Sie Fotos auf CD? | Graba fótu na CD? |
| Apotheke | formása |
| Bäckerei/Markt | padariâ/merkádu |
| Lebensmittelgeschäft | lója |
| Supermarkt | supermerkádu |
| Fotoartikel/Zeitungsladen | lója du fótu/papelariâ |
| 100 Gramm/1 Kilo | 100 grama/1 kilo |
| teuer/billig/Preis | káru/barátu/présu |
| mehr/weniger | más/más poku |

## ÜBERNACHTEN

| Ich habe ein Zimmer reserviert. | A mi téni um kuártu riservadu. |
| Haben Sie noch ...? | Tem ...? |
| Einzelzimmer | um kuártu pa um algem |
| Doppelzimmer | um kuártu pa dós algem |
| Frühstück/Halbpension/Vollpension | kafé/mei penson/penson kumpletu |
| nach vorne/zum Meer | pa frénti/pa mar |
| Dusche/Bad | xuveru/kása-bánhu |
| Terrasse | varanda |
| Gibt es (derzeit) Strom? | Tem lus? |

## BANKEN & GELD

| Bank | bánku |
| Geheimzahl | sénha |
| Ich möchte ... Euro wechseln. | M-kré trokâ ... éru. |
| bar/EC-Karte/Kreditkarte | em notas/kartom EC/kartom vinti-kuátu |
| Banknote/Münze | nóta/muéda |

## GESUNDHEIT

| Arzt/Zahnarzt/Kinderarzt | médiku/dentista/médiku mininu |
| Krankenhaus/Notfallpraxis | spital/postu-sakor |

| | |
|---|---|
| Fieber/Schmerzen | fébri/dor |
| Durchfall/Übelkeit/Sonnenbrand | diariâ/bariga-báxu/kemadura sol |
| entzündet/verletzt | intchadu/firida |
| Pflaster/Verband | pénsu/algudom |
| Salbe/Tablette/Zäpfchen | pomáda/kumprimidu/supozitóri |

## TELEKOMMUNIKATION & MEDIEN

| | |
|---|---|
| Briefmarke/Brief/Postkarte | sélu/kárta/pustal |
| Ich brauche eine Telefonkarte fürs Festnetz. | A mi mésti um karton di tilifoni di tilifoni fixo. |
| Ich suche eine Prepaidkarte für mein Handy. | A mi sta ta prokura um karton di rikarga pam poi na telemóvi. |
| Wo finde ich einen Internetzugang? | La pundi um podi usa interneti? |
| Brauche ich eine spezielle Vorwahl? | A mi mésti um indikatif spezial? |
| wählen/Verbindung/besetzt | diská/ligazon/interrumpid |
| Steckdose/Adapter/Ladegerät | tumada/adaptador/karregador |
| Computer/Batterie/Akku | komputador/pilha/pilha rikarégavel |
| Internetadresse (URL)/E-Mail-Adresse | nderésu di interneti/nderésu di mail |
| Internetanschluss/WLAN | adiri pa podi usa interneti/ interneti sem fio |
| E-Mail/Datei/ausdrucken | e-mail/fixeru/imprimi |

## FREIZEIT, SPORT & STRAND

| | |
|---|---|
| Strand | rol-di-mar |
| Sonnenschirm/Liegestuhl | tchapéu di sol/kadera pa diskanza |
| Ebbe/Flut/Strömung | maré baxo/maré alto/kurenti |

## ZAHLEN

| | | | |
|---|---|---|---|
| 0 | zéru | 15 | kinzi |
| 1 | um | 16 | dizaséx |
| 2 | dós | 17 | dizaséti |
| 3 | trés | 18 | dizoitu |
| 4 | kuátu | 19 | dizanóvi |
| 5 | sinku | 20 | vinti |
| 6 | séx | 21 | vinti-um |
| 7 | séti | 50 | sunkuénta |
| 8 | oitu | 100 | sem |
| 9 | nóvi | 200 | duzéntus |
| 10 | dés | 1000 | mil |
| 11 | ónzi | 2000 | dós mil |
| 12 | duzi | 10000 | dés mil |
| 13 | treizi | ½ | um mei, metádi |
| 14 | katorzi | ¼ | um kuátu |

# REISEATLAS

# Unterwegs auf den Kapverden

Die Seiteneinteilung für den Reiseatlas finden Sie
auf dem hinteren Umschlag dieses Reiseführers

# Santo Antão

Ponta do Sol
Formin-guinhas
Ribeira Gra
Ponta do Lajedo Largo
Cruzinha da Garça
Fontainhas
Coculi
Lourenço
Chã de Igreja
Boca de Ambas as Ribeiras
Ribeirão
Ponta Dez Abaixo
Figueira de Baxo
Ponta João Redondo
Manta Velha
Chã de Lombinhos
Corda
Xôxô
Passagem
Espongeiro
Chãzi
Pia de Baixo
Garça de Cima
Figueira de Cima
Ponta Marianinha
Chã do Norte
Ponta das Areias
Ribeira da Cruz
Agua das Caldeiras
Cova do Paúl
Pico
Parque
Morrinho de Égua
Martiene
Espadana 1513 m
Lombo de Figueira
Mesa
Agua Amargosa
Cidrão 1548 m
Selada do Alto Mira
Urgeira (Alto Mira)
Lagoa
Parque Natural de Moroços
12
R. de Lindo Quincho
Ribeira Larga
Parque Natural de Tope de Coroa
Tope de Coroa 1979 m
Cirio
Caldeira das Patas
Ribeira dos Bodes
Ribeira Fria
Curral das Vacas
Chã do Morto
Poi
Monte Trigo
R. da Agua
R. Vermelha
Baía de Monte Trigo
R. Escadeão
Monte Lajes 1811 m
Ribeira das Patas
Tabuga de Cima
Lagedos (Lajedo)
Porto No
Ponta do Brejo
Campo Redondo Queimado 1521 m
Manuel Lopez
R. de Tabuga
Ponte Sul
o Lajedo Largo
Tarrafal de Monte Trigo
Covão
Lombo das Lança
Ponta da Barca
Ponta das Casas
Baía do Tarrafal
R. de Fontainha
R. de Praia Formosa
Ribeira Torta
Ponta do Portinho
Praia do Esbornadeiro
Ponta do Campanário
Ponta de Peca
Ponta Cães dos Fortes

Canal de São

Ponta da Ladra Cachorro
Fo
Baía da Fateixa
Lazar
Fateixa 571 m
Ponta Machado
Aeropor Cesaria E
Ponta do Farol
Praia de São Pedro
São Pedro
Ponta Flamengos

Praia Safi

10 km
6.2 mi

nta da Suadade
as Furnas
dade das Pombas
(Paúl)
Pombas

Pontinha da
Janela
Janela
a Cruz
Ilhéu Lombo de Boi

Aguada
al de Cova/Ribeira de Paúl/Torre

Brava

Morro do
Tubarão
Ponta do Tubarão

Escoralet
cas

cente

O C E A N O

A T L Â N T I C O

Ponta João d'Évora
Baía de Salamansa
Ponta Marigou
Ponta da Fragata
Baía das Gatas

Salamansa
Parque Natural
de Monte Verde
Rei
Mindelo
Praia do Norte
Monte Verde
Praia Grande
Seixal
750 m
Mato
Inglês
Goa Alto
Ponta do Calhau
Bairro
Branco
538 m
Calhau
Vulcão Viana
de Caixa
Pico de Vento
85 m
Madeiral
Topona
437 m
Topim
699 m
Ponta de
Saragaça
Praia de
Palha Carga
Ponta da
Várzea
Ponta
Sul
Praia
Calheta Grande

São Vicente

Ponta de
Espedinho
Ponta de
Espedinho
Agua Doce
316 m
Santa Luzia
Ponta de
Praia
Monte Grande
397 m
Praia do Castelo
85 m
Ponta
do Espia
Praia de Roque

Tarrafal/São Nicolau

Ponta do
Papagaio
de Riba
Branco

O C E A N

**2** Santa Luzia
5 m

Mindelo/São Vicente

**3** Branco
307 m
Ponta
Delgada
Ponta da
Baleia
Razo
164 m
Ponta
Salina
Ponta da
Cruz

Ponta do Ferro Brás
**Carberinho**
**14**
Chã de
Curralin
Parque Natural Monte Gordo
Ponta do Barril
Ponta da Areia
**15**
Ribeira
da Prata
Praia
Branca
Fraq
Canto de Faj
Monte Gordo
1312 m
Hortelão
Barril
Praia do Pilão
Praia Francês
**Praia da Luz**
Cha
de

Ponta Cacimba

Baixo
Baía L
de

Ponta da L

10 km
6.2 mi

**D**  **E**  **F**

**1**

**2**

A T L Â N T I C O

**3**

São Nicolau

Ribeira Funda
Estância Bras
Fajã de
Baixo
Carvoeiros
jã de
na
Queimadas
Ponta
Coruja
Morro Brás
Chã de Norte
Ponta do
Carhaço
Ribeira Brava
Belêm
Alto Joaquinha
Juncalinho
Monte Bissau
615 m
Ponta de
Plancão
Lombinho
615 m
Caldeira
Morro Alto
Juncalinho
Calejão
Porto da Lapa
Baía da
Praia do Pito
Ponta
de Tope
Jalunga
Castilhiano
Cachacinho
Campo de
Preguiça
Pico do Alberto
598 m
Fontainhas
Ponta Galhana
Preguiça
Ponta Albacora
Centro de
Terra Chã

**4**

Ponta Pataca
Praia Carriçal
Carriçal
Baía
Gombeza
Ponta
Barroso
Chão Bonito
539 m
Ponta Preta
Baía da Fonte
Palmeira/Sal

**5**

Ponta Grande

**6**

137

**A** **B** **C**

**1**

O C E A N O

A T L Â N T I C O

**2**

Ponta
Norte
**Farol de Fiúra** ⚓
*Baía de Fiúra*
*Ponta Palhona*

*Morrinho
de Açúcar*
*Monte Grande*
406 m
**Olho Azul** ★
*Caletinha*
**Buracona** ↗ *Monte Leste*
263 m
Ponta do
Linguinho
*Terra
Boa* ▲ *Morro Sal*

*Sal* 309 m *Salinas* ⭐**1**

**3**
*Monte Currál*
107 m ▲
**Palmeira** ⚓
**Espargos** ✈ Pedra de Lume
**Aeroporto Internacional
Amílcar Cabral** *Baía da Parda*
⚓ **Fontona**
Tarrafal/São Nicolau

*Baía de
Joaquim Petinha*
*Ilhéu Rabo de Junco*
*Monte Leão*
165 m ▲ *Baía da* ⚓ *Ilhéus do Chano*
**Murdeira**

**4** *Murdeira*

*Calheta
Funda* ⚓
*Baía
Negra*
*Ponta do Rife* ⚓

**Nossa Senhora de Fátima** ✝
*Baía do
Algodoeiro* *Costa da
Fragata*
⚓
*Ponta Preta*
⚓ **Santa Maria**
**Praia de Santa Maria** ⚓ Ponta do Leme Velho
**Praia António de Sousa**
**5** *Ponta do
Sinó* *Baía de
Santa Maria*

⭐**2**

**6**

10 km
6.2 mi

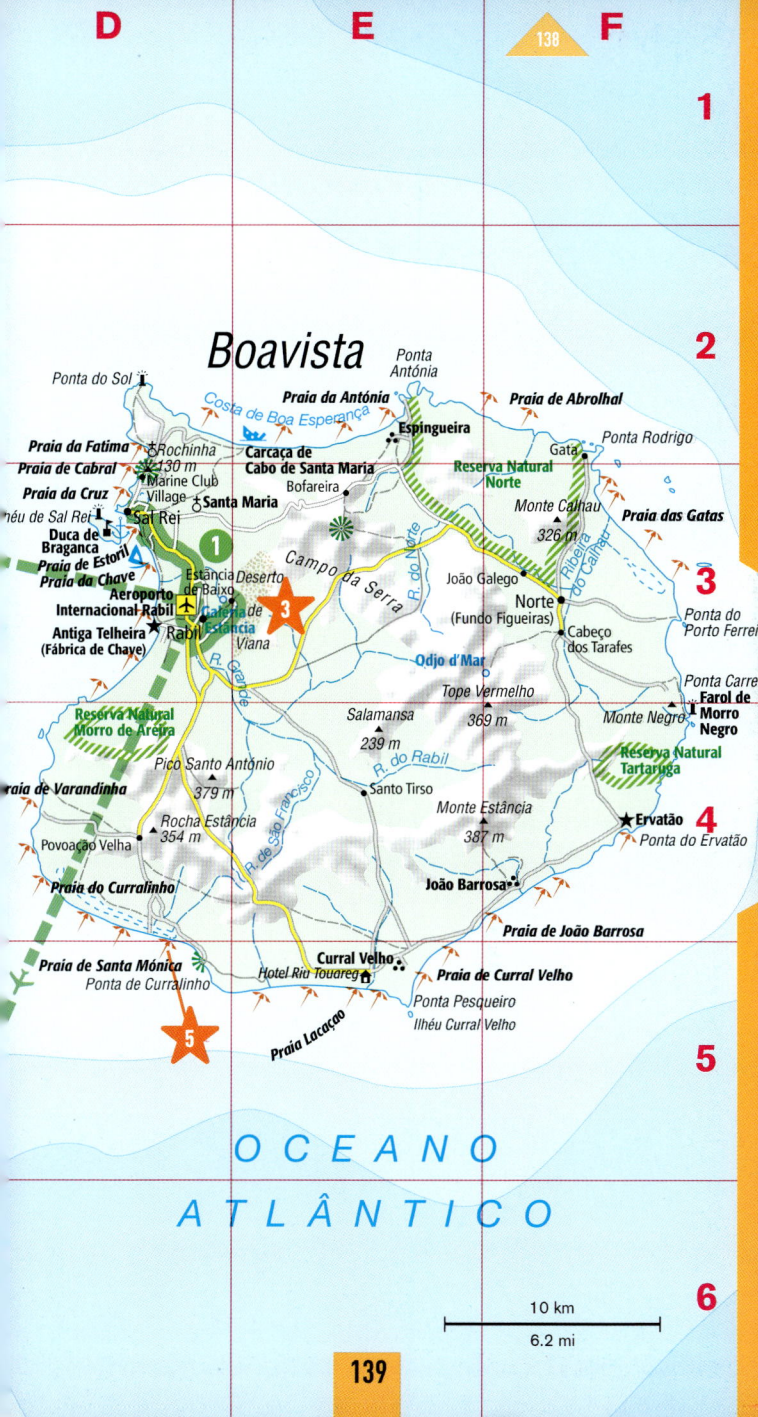

Boavista

Ponta do Sol
Ponta Antónia

Praia da Antónia
Praia de Abrolhal
Costa de Boa Esperança
Espingueira
Ponta Rodrigo

Praia da Fatima
Rochinha
Carcaça de
Cabo de Santa Maria
Gata
Reserva Natural Norte
Praia de Cabral
130 m
Marine Club
Village
Bofareira
Praia da Cruz
Monte Calhau
Praia das Gatas
néu de Sal Rei
Santa Maria
326 m
Sal Rei
Duca de Braganca
Praia de Estoril
Praia da Chave
Campo da Serra
João Galego
Ponta do Porto Ferreira
Aeroporto
Estância
de Baixo
Deserto
Norte
(Fundo Figueiras)
Internacional Rabil
Estância de Viana
Cabeço dos Tarafes
Ponta Carreto
Antiga Telheira
(Fábrica de Chave)
Rabil
Odjo d'Mar
Farol de Morro Negro
R. Grande
Tope Vermelho
Monte Negro
Reserva Natural Morro de Areira
Salamansa
239 m
369 m
Reserva Natural Tartaruga
Pico Santo António
379 m
R. do Rabil
aia de Varandinha
Santo Tirso
Monte Estância
387 m
Rocha Estância
354 m
Ervatão
Povoação Velha
R. de São Francisco
João Barrosa
Ponta do Ervatão

Praia do Curralinho
Praia de João Barrosa

Praia de Santa Mónica
Curral Velho
Praia de Curral Velho
Ponta de Curralinho
Hotel Rio Touareg
Ponta Pesqueiro
Ilhéu Curral Velho
Praia Lacação

O C E A N O

A T L Â N T I C O

10 km
6.2 mi

# A

1

O C E A N O

Ponta Moreia

Ponta da Fazenda
Ponta Preta

Ponta da Costa
Ponta Furna
Ponta do Lobrão
Baía de Angra

Monte Graciosa
645 m

2
Tarrafal
Campo de Concentração
Chão Bom

Trás os Montes
Achada Moirão
Ponta Formosa

*Santiago*

Baía do Chão Bom

*Praia da Prata*
Ribeira da Prata
Achada Longueira

Achada Tenda
Acha de Monte

Figueira das Naus
Parque Natural de
Serra de Malagueta

Mato Brasil

Lajé

Principal
Pilão Cão
Espinho Branco
Ponta Verde
Calheta de São Miguel
Veneza

3
Figueira das Naus

*Malagueta*
*Serra Malagueta*
1064 m
Pedra Branca
Fundura

Achada Barril

Ponta da Ribeira Lage
Achada Lage

Ponta Ruim

Ribeira da Barca
Ribeira da Barca

Chão Grande
Mato Baixo
Boa Entrada

João Diaz
Achada Lem
Flamengos
Furna

Cancelo

Santa Cruz
Terra Branca

Pedra Badejo
(São Tiago)
Ponta Coroa
Achada Fazenda

Achada Leite
Mato Sancho

Tomba
Toiro
Chã de Tanque

★ Poilão da Boa Entrada

Ribeirão Boi

João Toro

Achada Ponta

4
Ponta da Janela

Palha Carga
Assomada
(Santa Catarina)
*Serra do Pico*
Mato Xéxe
Gotô Bravo

*Achada dos Leitões*
Montanha
Picos
João Teves

Liberão

Remque
Purga
Salas

Ponta de Achada

Porto Rincão

Aldia
*Antonio*
1047 m
Parque Natural de Rui Vaz
e Serra de Pico de Antónia

Pico do Antónia
1394 m
São Jorge
dos Orgãos
★ Jardim Botânico Nacional

São Lourenço
dos Orgãos
Porto Madeira
Monte Afonso

Praia Baix
Pr

Ponta Covinha

Baía de Santa Clara
ou do Inferno

Mulia Agua

Pico Leão
Hortelão
Chão Grande

São Domingos

Milho Branco

Portal

Matinho
Ponta Geneanes

Mosquito
da Horta
Belém

Fontes

Ribeira Chiqueiro
Vale de Custa

Mindelo/São Vicente

Santa Ana

São Francisco
São Tomé

5
Porto Mosquito

São João
Baptista

Salineiro
Bota
Rama
Calabaceira

João
Vatela
Trindade

São Jorge

São Martinho
Pequeno

Ponta

Boca d

Porto Gouveia

Cidade Velha
(Ribeira Grande)
Fortaleza
Real de
São Filipe

São Martinho
Grande

PRAIA

Ponta Grande
da Cidade

*Praia Quebra Canela*

Ponta Temerosa

Ponta das Bleudas

São Filipe/Fogo

6

140

**D** **E** **F**

**1**

Ponta Cais

*Maio*

Praia Real

Ponta Pipa

Ponta Pedrenau

Ponta Preta

Ponta Rica

Terras Salgadas

**2**

**Praia de Santana**

Santo António

Cascabulho

Praia Gonçalo

**Porto Cais**

Morrinho

Ponta João do Ron

Ponta Pau Seco

Zona forestal

Pedro Vaz

**Praia de Soca**

Calheta de Cima

Monte Penoso

N. S. do Rosário

Calheta de Baixo

Alcatraz

**Praia Pan Seco**

436 m

Monte Branco

N. S. do Rosário

Pilão Cão

Monte Batalha

265 m

Ponta da Ribeira da Bala

**Praia de Morro**

294 m

Morro

**3**

**Parque Natural de Barreiro e Figueira**

Ponta Banconi

Figueira

Ribeira Dom João

Ponta das Salinas

Barreiro

**Cidade de Porto Inglês**

Lagoa

(Maio)

**Praia Ponta Preta**

Ponta da Poça Grande

**4**

A T L Â N T I C O

...glesa

...a

...ta do Lobo

Leste

...são Francisco

**5**

10 km
6.2 mi

**6**

141

O C E A N O
A T L Â N T I C O

Ilhéu Grande
Ilhéu Luiz Carneiro
Ilhéus de Cima

Ilhéus Secos ou do Rombo

Ponta da Vaca
Baía da Pedrinha
Po...
Nova Sintra
Cova Rodela
Monte Pesqueiro
Furna
Santa Bárbara
Fajã de Água
**Fonte de Vinagre**
Cova Joana
Mato Grande
Ponta Espradinha
N. S. do Monte
João d'Nole
Baía do Porteto
Lima Doce
Fontainhas
976 m
Campo Baixo
Palhal
Tantum
Cachaço
*Brava*
Cova de Mar
Ponta do Alto
Ponta Nhô Martinho

10 km
6.2 mi

# KARTENLEGENDE

Hauptstraße mit Nummer
Main road with number

Nebenstraßen
Secondary road

Straße ungeteert
Road unpaved

Straße in Bau
Road under construction

Fahrweg
Carriage way

Pfad
Path

Nationalpark, Naturreservat
National park, nature reserve

Meeresschutzgebiet
Marine reserve

Ankerplatz, Hafen
Anchorage, harbour

Windsurfing
Windsurfing

Schiffswrack
Wreck

Sandwüste
Sandy desert

Burg
Castle

Kirche; Kapelle
Church; chapel

Leuchtturm
Lighthouse

Sehenswürdigkeit
Point of interest

Archäologische Stätte
Archeological site

Berggipfel
Mountain top

Aussichtspunkt
Panoramic view

Salzsee/Saline; Quelle
Saline lake; well

Badestrand
Beach

Internationaler Flughafen
International airport

Flugplatz
Aerodrome

Lavafeld
Lava field

MARCO POLO Erlebnistour 1
MARCO POLO Discovery Tour 1

MARCO POLO Erlebnistouren
MARCO POLO Discovery Tours

MARCO POLO Highlights

# FÜR IHRE NÄCHSTE REISE ...

## ALLE **MARCO POLO** REISEFÜHRER

**DEUTSCHLAND**
Allgäu
Bayerischer Wald
Berlin
Bodensee
Chiemgau/
Berchtesgadener
Land
Dresden/
Sächsische Schweiz
Düsseldorf
Eifel
Erzgebirge/
Vogtland
Föhr & Amrum
Franken
Frankfurt
Hamburg
Harz
Heidelberg
Köln
Lausitz/Spreewald/
Zittauer Gebirge
Leipzig
Lüneburger Heide/
Wendland
Mecklenburgische
Seenplatte
Mosel
München
Nordseeküste
Schleswig-Holstein
Oberbayern
Ostfriesische Inseln
Ostfriesland/Nord-
seeküste Nieder-
sachsen/Helgoland
Ostseeküste
Mecklenburg-
Vorpommern
Ostseeküste
Schleswig-Holstein
Pfalz
Potsdam
Rheingau/
Wiesbaden
Rügen/Hiddensee/
Stralsund
Ruhrgebiet
Schwarzwald
Stuttgart
Sylt
Thüringen
Usedom
Weimar

**ÖSTERREICH
SCHWEIZ**
Kärnten

Österreich
Salzburger Land
Schweiz
Steiermark
Tessin
Tirol
Wien
Zürich

**FRANKREICH**
Bretagne
Burgund
Côte d'Azur/
Monaco
Elsass
Frankreich
Französische
Atlantikküste
Korsika
Languedoc-
Roussillon
Loire-Tal
Nizza/Antibes/
Cannes/Monaco
Normandie
Paris
Provence

**ITALIEN
MALTA**
Apulien
Dolomiten
Elba/Toskanischer
Archipel
Emilia-Romagna
Florenz
Gardasee
Golf von Neapel
Ischia
Italien
Italienische Adria
Italien Nord
Italien Süd
Kalabrien
Ligurien/
Cinque Terre
Mailand/
Lombardei
Malta & Gozo
Oberital. Seen
Piemont/Turin
Rom
Sardinien
Sizilien/
Liparische Inseln
Südtirol
Toskana
Venedig
Venetien & Friaul

**SPANIEN
PORTUGAL**
Algarve
Andalusien
Barcelona
Baskenland/
Bilbao
Costa Blanca
Costa Brava
Costa del Sol/
Granada
Fuerteventura
Gran Canaria
Ibiza/Formentera
Jakobsweg
Spanien
La Gomera/
El Hierro
Lanzarote
La Palma
Lissabon
Madeira
Madrid
Mallorca
Menorca
Portugal
Spanien
Teneriffa

**NORDEUROPA**
Bornholm
Dänemark
Finnland
Island
Kopenhagen
Norwegen
Oslo
Schweden
Stockholm
Südschweden

**WESTEUROPA
BENELUX**
Amsterdam
Brüssel
Dublin
Edinburgh
England
Flandern
Irland
Kanalinseln
London
Luxemburg
Niederlande
Niederländische
Küste
Schottland
Südengland

**OSTEUROPA**
Baltikum
Budapest
Danzig
Krakau
Masurische Seen
Moskau
Plattensee
Polen
Polnische
Ostseeküste/

Danzig
Prag
Slowakei
St. Petersburg
Tallinn
Tschechien
Ungarn
Warschau

**SÜDOSTEUROPA**
Bulgarien
Bulgarische
Schwarzmeerküste
Kroatische Küste
Dalmatien
Kroatische Küste
Istrien/Kvarner
Montenegro
Rumänien
Slowenien

**GRIECHENLAND
TÜRKEI
ZYPERN**
Athen
Chalkidiki/
Thessaloniki
Griechenland
Festland
Griechische Inseln/
Ägäis
Istanbul
Korfu
Kos
Kreta
Peloponnes
Rhodos
Samos
Santorin
Türkei
Türkische Südküste
Türkische Westküste
Zákinthos/Itháki/
Kefaloniá/Léfkas
Zypern

**NORDAMERIKA**
Chicago und
die Großen Seen
Florida
Hawai'i
Kalifornien
Kanada
Kanada Ost
Kanada West
Las Vegas
Los Angeles
New York
San Francisco
USA
USA Ost
USA Südstaaten/
New Orleans
USA Südwest
USA West
Washington D.C.

**MITTEL- UND
SÜDAMERIKA**
Argentinien
Brasilien

Chile
Costa Rica
Dominikanische
Republik
Jamaika
Karibik/
Große Antillen
Karibik/
Kleine Antillen
Kuba
Mexiko
Peru & Bolivien
Yucatán

**AFRIKA UND
VORDERER
ORIENT**
Ägypten
Djerba/
Südtunesien
Dubai
Israel
Jordanien
Kapstadt/
Wine Lands/
Garden Route
Kapverdische
Inseln
Kenia
Marokko
Namibia
Rotes Meer & Sinai
Südafrika
Tansania/Sansibar
Tunesien
Vereinigte
Arabische Emirate

**ASIEN**
Bali/Lombok/Gilis
Bangkok
China
Hongkong/Macau
Indien
Indien/Der Süden
Japan
Kambodscha
Ko Samui/
Ko Phangan
Krabi/
Ko Phi Phi/
Ko Lanta/Ko Jum
Malaysia
Nepal
Peking
Philippinen
Phuket
Shanghai
Singapur
Sri Lanka
Thailand
Tokio
Vietnam

**INDISCHER OZEAN
UND PAZIFIK**
Australien
Malediven
Mauritius
Neuseeland
Seychellen

Viele MARCO POLO Reiseführer gibt es auch als eBook – und es kommen ständig neue dazu!
Checken Sie das aktuelle Angebot einfach auf: www.marcopolo.de/e-books

# REGISTER

Im Register sind alle in diesem Reiseführer erwähnten Inseln, Orte, Strände, Berge und Ausflugsziele verzeichnet. Gefettete Seitenzahlen verweisen auf den Haupteintrag.

# SCHREIBEN SIE UNS!

Egal, was Ihnen Tolles im Urlaub begegnet oder Ihnen auf der Seele brennt, lassen Sie es uns wissen! Ob Lob, Kritik oder Ihr ganz persönlicher Tipp – die MARCO POLO Redaktion freut sich auf Ihre Infos.

Wir setzen alles dran, Ihnen möglichst aktuelle Informationen mit auf die Reise zu geben. Dennoch schleichen sich manchmal Fehler ein – trotz gründlicher Recherche unserer Autoren/innen. Sie haben sicherlich Verständnis, dass der Verlag dafür keine Haftung übernehmen kann.

MARCO POLO Redaktion
MAIRDUMONT
Postfach 31 51
73751 Ostfildern
info@marcopolo.de

**IMPRESSUM**
Titelbild: Insel Santiago, Strand in Tarrafal (Look: H. Dressler)
Fotos: Das Fotoarchiv: Schmidt (118 l.); DuMont Bildarchiv: Schwarzbach (28 l., 119 r.); Getty Images: A. Berg (3); Getty Images/Blend Images/KidStock (17 r.); Getty Images/Hemis: F. Guiziou (2); Getty Images/Lonely Planet Images: J. Borthwick (50); huber-images: R. Schmid (6, 11, 12/13, 22, 28 r., 34/35, 60, 76/77, 78, 92, 93, 120 o.); Laif: M. Riehle (18 u., 40), G. Stand (100/101); Laif/Aurora: M. Wakem (19 u.); Laif/Explorer: P. Le Floch (44); Laif/Hemis: F. Guiziou (36, 88); Laif/Le Figaro Magazine: S. Fautre (54/55, 106); Laif/photo alto: L. Mouton (18 o.); Look: H. Dressler (1 o., 108/109), U. Wiesmeier (132/133); mauritius images/Alamy (4 u., 17, 19 o., 20/21, 26/27, 30 l., 30/31 m., 31 l., 32/33, 48, 71, 91, 95, 110, 118/119 m.); mauritius images/Arterra Picture Library/Alamy (24); H. Mielke (5 m., 7, 14/15, 42, 47, 53, 56, 66, 83, 96, 97, 98, 112/113, 116 l., 116/117 m., 120 u., 127); D. Renckhoff (Klappe l., 8, 39, 81, 115, 121); A. Rieck (1 u., 72, 75); Schapowalow: R. Schmid (69), R. Spila (Klappe r.), 65); T. Stankiewicz (4 o., 10, 29, 58, 63, 84/85, 87); vario images/imagebroker (9); vario images/ unlisted images (18 m.)

**4. Auflage 2016**
**Komplett überarbeitet und neu gestaltet**
© MAIRDUMONT GmbH & Co. KG, Ostfildern
Chefredaktion: Marion Zorn; Autorin: Annette Rieck; Redaktion: Ulrike Frühwald
Verlagsredaktion: Susanne Heimburger, Tamara Hub, Nikolai Michaelis, Kristin Schimpf, Martin Silbermann
Bildredaktion: Gabriele Forst, Veronika Plajer
Kartografie Reiseatlas: DuMont Reisekartografie, Fürstenfeldbruck, © MAIRDUMONT, Ostfildern
Kartografie Faltkarte: DuMont Reisekartografie, Fürstenfeldbruck, © MAIRDUMONT, Ostfildern
Gestaltung Cover, S. 1, S. 2/3, Faltkartencover: Karl Anders – Büro für Visual Stories, Hamburg
Gestaltung innen: milchhof:atelier, Berlin; Gestaltung Erlebnistouren: Susan Chaaban Dipl.-Des. (FH)
Sprachführer: Annette Rieck

FSC
MIX
Paper from
responsible sources
FSC® C011918
www.fsc.org

# BLOSS NICHT ☝

## Auf was Sie auf den Kapverden verzichten sollten

### EUROPÄISCHE VERHÄLTNISSE ERWARTEN

Kap Verde ist in manchen Dingen grundlegend anders als Europa. Zeit hat z. B. eine völlig andere Bedeutung. Eine Stunde früher oder später oder ein Tag mehr oder weniger ist oft nicht so wichtig. Hohe Ansprüche an Pünktlichkeit und Zuverlässigkeit sollten Sie zu Hause lassen – und für Wartezeiten (Flughafen etc.) immer etwas zu lesen dabeihaben. Auch Sauberkeit ist anders zu bewerten: Selbst in einem pieksauberen Zimmer kann Ihnen schon mal ein Krabbeltier begegnen.

### NACKT (SONNEN-)BADEN

Sich nackt in der Öffentlichkeit zu zeigen gilt auf Kap Verde als unanständig. Ersparen Sie vorbeikommenden Fischern oder anderen Strandbesuchern die Peinlichkeit, und baden oder bräunen Sie sich hüllenlos allenfalls dort, wo andere damit rechnen können: an der Hotelzeile in Santa Maria. Dort ist oben ohne nicht von allen gern gesehen, jedoch geduldet.

### NATURSCHUTZGEBIETE BETRETEN

Viele der auf den Kapverdischen Inseln lebenden Tiere und Pflanzen sind inzwischen sehr selten oder sogar vom Aussterben bedroht. Gönnen Sie den wenigen Vögeln, Reptilien, Insekten, Kräutern und Blumen, die es dort gibt, ihre letzten Rückzugsgebiete. Dies sind vor allem die unbewohnten Inseln sowie einzelne, ausgewiesene Naturschutzzonen. Auch Schildkrötenstrände sollten Sie nicht im Alleingang besuchen. Nutzen Sie die Besuchs- und Informationsangebote von Naturschutzvereinen – Sie erfahren viel mehr.

### SCHILDKRÖTENPRODUKTE KAUFEN

Kaufen Sie nirgendwo Souvenirs oder andere Produkte, die von Schildkröten stammen. Sie haben immer eins der wenigen noch existierenden Tiere das Leben gekostet. Außerdem ist die Einfuhr nach Europa verboten.

### SONNENEINSTRAHLUNG UNTERSCHÄTZEN

Die Sonne entfaltet in diesen Breitengraden eine so intensive Strahlung, dass sie für blasse Haut eine echte Gefahr sein kann. Dazu kommt eine ständige Brise, die die Hitze mildert, die Sonnenbrandgefahr jedoch verstärkt. Tragen Sie immer eine Sonnenschutzcreme mit hohem Lichtschutzfaktor auf – auch wenn es bewölkt ist. Auch eine Kopfbedeckung ist von Vorteil.

### GASTFREUNDSCHAFT AUSNUTZEN

Einem Gast das Beste anbieten, was Haus und Hof hergeben, ist Ehrensache. Nehmen Sie das Geschenk ruhig an, doch revanchieren Sie sich. Niemals sollten Sie die angebotene Gastfreundschaft missbrauchen, sich z. B. längere Zeit ohne Gegenleistung einquartieren. Übergeben Sie Geschenke am besten, wenn niemand anderes dabei ist.